LA POLITIQUE
DES CENTRES
DÉNONCÉE
AU PATRIOTISME
DES ÉLECTEURS.

Par C.-H. RICHARD,

Cavalier de la Garde Nationale.

Un écrit clandestin n'est pas d'un honnête homme :
Qui sert la liberté, ne craint point qu'on le nomme !...

A NANTES,
De l'Imprimerie de l'Ami de la Charte,
CHEZ VICTOR MANGIN.

1831.

LA POLITIQUE

DES CENTRES

DÉNONCÉE

AU PATRIOTISME DES ELECTEURS.

INTRODUCTION.

Honni soit qui mal y pense!....

LA Chambre élective et le Ministère du 13 mars sont renvoyés devant leurs juges.

Le ciel en soit loué!.. Nous sortons enfin de l'état chronique pour entrer en convalescence : la France espère que le passé servira désormais de règle pour l'avenir ;

elle compte à bon droit sur notre zèle à
défendre les grands intérêts oubliés ou mé-
connus depuis nos glorieuses journées de
juillet. Que le juste milieu, ce chancre politique qui s'attache aux meilleures institutions
pour les dévorer, disparaisse du gouvernement de l'Etat! A l'ère des promesses trompeuses et des jongleries administratives, suc-
céderont la vérité dans les discours et la sincérité dans les actes. Tout le monde y gagnera,
et la royauté populaire sortie des barricades,
et ce peuple si grand, si généreux dans la
victoire: mais la confiance appelle la confiance;
Louis-Philippe, roi-citoyen, a parlé dignement
du haut du trône ; empressons-nous de lui répondre ; et la Charte de 1830 sera désormais
une vérité!

Je me suis donc décidé à descendre de
nouveau dans la lice pour hâter ce moment
si désiré : je vais signaler les fautes commises ; je dirai par qui et comment la France
a été conduite sur le bord de l'abyme ; en
remontant à la source du mal j'indiquerai

le véritable remède. On me demandera peut-
être d'où je tiens une semblable mission ?
Mais je répondrai que pour cela je n'ai besoin
que de moi-même. Ne suis-je pas français et
citoyen d'un pays libre ? En dénonçant à
l'opinion de mes co-électeurs ce que je crois
la vérité sur les actes et les personnes, en
révélant ce qui peut nous sauver, et par quels
hommes, avec quels principes on peut de
nouveau tout compromettre, non-seulement
j'use de mon droit, mais je remplis encore
l'un des devoirs les plus rigoureux d'un bon
citoyen.

Je l'avoue à regret, mais depuis six mois,
au grand dommage de la chose publique,
j'ai beaucoup gagné en connaissance de certaines sommités sociales.

Ceux qui, dans ma manière de voir avant
les ordonnances liberticides, me comman-
daient le respect, se sont tellement rapetissés
à mes yeux, que je suis en doute aujour-
d'hui si ce sont bien là ces mêmes puis-

sances de talents et de patriotisme que le pays identifiait naguères avec ses plus chères espérances! Mon illusion, hélas de trop courte durée, a été détruite le jour même où le système que je combats est parvenu à retirer du garde-meuble ce malheureux canapé des doctrinaires pour le placer dans le salon du conseil au Palais-Royal.

D'un autre côté, je ne puis assez admirer la constante singularité de ma position en présence du pouvoir. En effet, au temps des Villèle et des Polignac, j'étais en province la bête noire de leurs tristes suppôts. Il est certain que le succès de leur coup-de-collier de juillet devenait mon arrêt de proscription!.. Echappé aux vengeances du parti implacable, me voilà retombé, par le seul fait de mon opposition aux vues du libéralisme bâtard, sous le coup des clameurs et des calomnies d'un autre monstre, de l'égoïsme politique, puisqu'il me faut aussi *l'appeler par son nom.* Dieu seul sait ce qu'il colportera contre moi sous le beau manteau du modérantisme qui a déjà vingt fois compromis les meilleures positions de la France constitutionnelle ! Mais je le répète, à la vue des *traînards* du juste milieu, je me suis écrié : le sort en est jeté et j'ai passé le Rubicon. Après tout, ayant pris une part assez active dans les campagnes de 1827 et de 1829 contre les *enragés* de l'ultramontanisme, je puis décemment briser une lance avec les *furieux* du modérantisme, et je serai toujours fidèle à la liberté en me maintenant dans le vrai.

Il reste à me défendre des attaques d'un autre genre ; rien ne me sera plus aisé, car il s'agit de ces accusations banales qui poursuivent toujours l'homme assez sincère pour mettre tout un public dans la confidence de ses opinions les plus intimes.

Des esprit légers, superficiels, habitués à jalouser tout ce qui est au-dessus de leur portée, me contesteront sans doute la vérité des faits allégués en ma qualité *d'historien du juste milieu*, et mon mérite comme écrivain politique.

Mais, sur le premier grief, je déclare récuser tout autre juge que ce même public. L'histoire des quinze dernières années est encore toute saignante des plaies faites au corps social; elle est éclairée à toutes les pages, du flambeau contre-révolutionnaire; le public pourra donc **juger**, les pièces du procès sous les yeux.

Pour ce qui regarde l'élégance du style, le brillant des images et l'ingénieux des rapprochements, je m'abandonne de grand cœur au jugement de mes critiques. Comme il s'agit d'une question vitale pour mon pays : *d'être ou de n'être plus soumis aux fatales influences du système de centres*, là où l'intérêt général parle trop haut, l'amour-propre bien ou mal fondé doit se taire ; le but de l'écrivain patriote est de convaincre et non d'éblouir ; le galimathias politique de certains méthaphysiciens du canapé, et le clinquant romantique *du Donguichotisme légitime* ne conviennent point à qui veut tenir un langage à la fois ferme et sévère ; enfin le moment est arrivé de frapper fort et de viser juste. En cela je me montrerai toujours fidèle à cette devise qui ne me quittera jamais : *patriœ totus et ubique*; puisse-t-elle, dans ce faible opuscule, triompher même aux dépens de mon esprit!...

« Veistes vous oncques chien rencontrant
» quelque os médullaire; c'est la bête du
» monde plus philosophe; si vous l'avez,
» vous avez pu noter de quelle dévotion il
» le guette, de quelle soing il le guarde, de
» quelle prudence il l'entoumme, de quelle
» affection il le brise et de quelle diligence
» il le suge. Qui l'induit à se faire? quel est
» l'espoir de son estude? RIEN PLUS QUE UNG
» PEU DE MOUELLE. »

Electeurs patriotes, ces paroles du fameux curé de Meudon, renferment à la fois les moyens et le but de cette brochure.

CHAPITRE PREMIER.

***

DU

TRENTE-ET-UN MARS 1814.

***

Væ victis!....

Lorsque le géant du siècle dirigeait ses armées sur l'antique capitale des czars, j'étais encore sur les bancs de l'école; je ne puis donc reprocher aux protégés des Tcherkesses et des cosaques, la perte d'une position sociale qu'il m'était impossible de posséder au 31 mars 1814.

Grâce à ces mêmes barbares, les Bourbons ont trôné pendant un laps de temps assez

considérable. Mais perdu dans la foule, m'iso-
lant de leurs intérêts, ayant en horreur leurs
personnes et leurs principes, je dois dire
cependant qu'en ma qualité de simple individu, ils n'ont jamais porté atteinte à ma
fortune et à ma vie, à la fortune et à la vie
de mes proches.

D'un autre côté, la régénération de juillet
m'a laissé là où la restauration de 1814
m'avait trouvé ; je suis ainsi dégagé de toute
crainte comme de toute espérance, pur surtout de tout intérêt personnel, dans le jugement que je vais porter sur certains
hommes et sur leur système. Cet avantage
est immense ; comme il m'appartient de plein
droit, je m'en empare.

Le **20** mars et le **29** juillet ont révélé
aux peuples de la vieille Europe, une haute
vérité politique : il est aujourd'hui passé
en force de chose jugée, qu'il était impossible aux Bourbons avec leurs insignes ba-
sesses du dehors et leurs incroyables inso-

solences du dedans, d'étendre de profondes
racines sur le sol de notre généreuse France.

Cependant ce régime a duré quinze mor-
telles années ? Qui a pu donner vie et action
à un tel état contre nature, à cette longue
comédie tragico-burlesque ? quelles mains
conduisaient les fils ? quels ressorts furent
mis en usage? Voilà ce qu'il est important
de constater.

En 1814, nous dûmes le retour des Bourbons à la félonie de quelques Français indignes de porter ce nom ; la pusillanimité
si reconnue d'un sénat prétendu conservateur et d'un corps législatif qui ne savait
ouvrir la bouche que pour aduler le pouvoir lorsqu'il était au faite des prospérités,
secondèrent à merveille les complots tramés
par la lie de la république et de l'empire,
en dehors de la nation et derrière les armées
étrangères.

Mais ces causes ne dominèrent pas seules :

Le peuple français, sous Napoléon, avait conquis une gloire immortelle; malheureusement de si merveilleux triomphes couvraient depuis 1804 une dure servitude.

La tribune était muette, la presse asservie; la population préalablement disposée en coupes réglées était plus tard décimée sur le champ de bataille pour des intérêts qui n'étaient pas les siens; ajoutez la volonté inflexible et impérieuse du maître et le régime du sabre. Les actes prodigieux *du grand tapissier des Invalides* avaient fasciné, il est vrai, durant quelques années, l'esprit populaire toujours mieux disposé à se laisser éblouir par l'éclat qu'à céder à de sages réflexions. Cependant, comme ici bas tout finit par avoir un terme, on se lassa d'admirer ce qui ne donnait que de la gloire, on raisonna sur l'utilité de ces conquêtes que le peuple payait chaque jour de ses deniers et de son sang! Ce peuple ne tarda pas à reconnaître qu'il était seulement *le moyen* de tant de projets gigantesques, au lieu d'en être *le but*

si Napoléon conquérant eût été un roi philosophe. De la réflexion qui désintéresse, à
l'indifférence qui cherche à s'isoler du péril,
il n'y avait qu'un pas : il fut bientôt franchi.

La force morale du peuple se retirant ainsi
de Napoléon, ce prince, au jour de ses premiers revers, se trouva tout-à-coup réduit
aux ressources de son seul génie et aux canons
d'une armée d'un héroïsme admirable, d'un
dévouement à toute épreuve, mais qui n'avait
plus le prestige de l'invincibilité, depuis le
désastre de Moscou...

Cependant une troisième coalition plus
formidable que jamais, s'avançait vers nos
frontières, décidée à périr ou à renverser un
colosse dont elle avait subi, depuis quatorze
ans, le joug humiliant et l'insupportable
orgueil.

Aussi, qu'arriva-t-il ? Les rois alliés qui
combattaient en 1813 *pro aris et focis*,
s'étant faits libéraux *in extremis* pour sou-

lever les masses contre l'ennemi commun, continuèrent ce nouveau rôle dans la campagne de 1814. Après avoir armé le nord et le midi de l'Europe contre Napoléon, au nom de la liberté, ils essayèrent s'il était possible de séparer, avec la magie du même mot, la nation française de son empereur.

Il faut voir les manifestes et les proclamations de l'époque; ce n'est pas la partie la moins curieuse de l'épisode impérial. « *J'ai pris les armes,* disait le prince royal, » aujourd'hui roi de Suède, *pour défendre* » *les droits du peuple suédois; après avoir* » *concouru à la délivrance de l'Allemagne,* » *j'ai passé le Rhin.*

» *Votre gouvernement a constamment* » *essayé de tout avilir pour avoir le droit* » *de tout mépriser.*

» Tous les hommes éclairés forment des » voeux *pour la conservation de la France;* » les souverains ne se sont pas coalisés *pour*

» *faire la guerre aux nations. Placé par*
» *l'élection d'un peuple libre* sur les marches
» du trône des grands Gustaves, je ne puis
» avoir désormais d'autre ambition que celle
» de travailler au bonheur de la presqu'île
» Scandinave. Puissé-je contribuer en même
» temps à la félicité de mes anciens compa-
» triotes !. »

Dans son ordre du jour du 24 février 1814,
le général en chef baron de Wintzengerode
s'exprimait en ces termes : « Français, *nous*
» *ne combattons que les soldats de l'em-*
» *pereur Napoléon* ; le ciel vous préserve de
» vous joindre à eux : *l'innocent serait con-*
» *fondu avec le coupable.*

» Que chaque citoyen reste donc dans sa
» demeure, que chaque employé du gouver-
» nement continue ses fonctions, il sera
» respecté et acquerrera des droits à la recon-
» naissance de ses concitoyens.

» *Un héros Français* qui jadis combattait

B

» *pour votre liberté*, pour la gloire de la
» France, *revient acquérir de nouveaux*
» *droits à votre reconnaissance.*

» Lisez les proclamations des souverains
» alliés, vous verrez que leur volonté *est*
» *la paix*; demandez à vos compatriotes
» comment ils sont traités par nos soldats,
» *et vous verrez que c'est en amis* qu'ils
» entrent dans vos villes et dans vos villages. »

Ainsi les puissances alliées ne combattaient
que les soldats de Napoléon; tous leurs vœux
étaient pour la conservation de la France;
leur cause était juste dans ses motifs, noble
dans son but : c'était la cause de l'humanité
outragée, de la liberté opprimée. Napoléon
Bonaparte était le fléau de la civilisation, le
seul obstacle à la paix du monde. On ne
voulait ni piller ni envahir, mais conquérir
une paix également honorable pour les deux
parties belligérantes. Les alliés déclaraient
surtout qu'ils n'entendaient intervenir en aucune manière dans le choix du souverain; ce

devait être le droit de la France, qui resterait libre et forte avec ses frontières naturelles.

Tel fut le constant langage de la coalition jusque sous les murs de Paris.

Les rois alliés, pour mettre à bonne fin leur entreprise, distinguèrent donc subtilement entre Napoléon et la France, entre les soldats d'un conquérant et les populations soumises à son épée; ils déclarèrent au premier une guerre à toute outrance, ils promirent la paix et la liberté au pays qu'ils se préparaient à envahir. Enfin l'ours du Nord et le léopard d'Albion, pour abattre le vieux lion dans son antre même, eurent recours, en désespoir de cause, à la fourberie du renard.

Ce projet était habilement conçu, il spéculait sur la faiblesse, donnait des prétextes à l'égoïsme (1); en fomentant les idées de

---

(1) Le ministère du 13 mars vient d'employer la même tactique à l'égard des Associations Nationales.

traîtrise, il couvrait les conspirateurs de son égide !... il obtint un plein succès.

L'insurrection de la Franche-Comté et de la Lorraine vint donner inutilement le signal d'une glorieuse résistance; le patriotisme des départements-frontières ne fut point entendu par les départements du centre; l'amour de l'indépendance, l'horreur de l'étranger, sommeillaient chez les uns, étaient peut-être éteints dans le cœur de beaucoup d'autres : que dis-je, au 31 mars 1814, la France ne pouvait plus être sauvée, car le mal était dans le remède même, puisqu'il se trouvait aux degrés les plus élevés de l'échelle sociale.

La république avait légué en effet à l'empire la lie de tous les partis; la Montagne et la Gironde, le Directoire et le Consulat, presque tous les hommes politiques des assemblées nationales, constituantes et législatives, de la convention et des conseils, s'étaient empressés de se tourner en 1804 vers le nouveau soleil levant.

Homère a dit de Jupiter en courroux,
que d'un signe de tête il ébranlait l'Olympe;
une seule parole de Napoléon mit à nu
tous ces faiseurs de constitutions républicaines qui, sous prétextes de libertés à conquérir ou à conserver, se partageaient depuis 93 le gâteau de la France. Le bonnet
rouge et la toilette de rigueur du sans-cu-
lotte, n'osèrent plus se montrer dans nos rues
et sur nos places publiques; les mois anciens furent restitués au calendrier; bientôt le fameux décret rendu dans la nuit du
4 août 1790 n'exista plus dans nos lois que
pour mémoire; on retira du vieil arsenal
du régime de 1788 les fripperies féodales
du haut baronnage; on revit de nouveau
des chevaliers, des barons, des comtes et
des ducs. Les seuls marquis, si maltraités
jadis par Molière, continuèrent d'être mis
à l'index, en faveur du bon sens public;
avec ces prééminences obligées d'un pouvoir
qui s'annonçait fort pour obtenir d'être du-
rable, le bon peuple parisien tout ébahi,
vit reparaître les chapeaux à plumets et

les talons rouges, les cordons de toutes couleurs, les crachats de toutes dimensions.

La fidélité monarchique elle-même, lasse de soupirer après le nouveau messie, ne dédaigna pas, *en attendant mieux*, la terre promise de l'usurpation. Enterrée depuis 1792 elle ne sortit du tombeau que pour s'infecter à plaisir du cholera - morbus Napoléonien, en compagnie des anciens frères et amis des Robespierre, des Merlin, des Saint-Just et des Tallien.

Cette dernière circonstance fut un coup de bonne fortune pour Napoléon; car, dans sa manière de voir, *une Coûr* lui devenait chose de première nécessité : or, c'était peu de l'avoir créée à son avènement à l'empire, il fallait encore la rendre supportable; les familles d'ancienne lignée, amnistiées par le Directoire et le Consulat avaient, la plupart d'entre elles, du moins, les qualités requises pour cette importante mission. Politesse exquise dans les manières et le lan-

gage, complaisance toujours tentée jamais
lassée pour les moindres fantaisies du maître,
ni humeur ni honneur, mais en revanche la
servilité des pensées jointe au désir effréné
de la puissance et des richesses, le mépris
du patriotisme vertueux, l'horreur pour la
vérité, l'oubli des intérêts généraux de l'état,
une indifférence parfaite pour les souffrances
publiques; voilà ce que le vainqueur d'Arcole
et de Marengo se félicitait en 1804, d'avoir
su rattacher indissolublement à sa politique
et à sa dynastie.

Ceux qui jugent de la bonté des coups,
uniquement par le sucès du joueur, soutien-
dront peut-être qu'un aussi petit calcul était
impardonnable dans un si grand génie; puis
ils se hâteront d'invoquer l'évènement du
31 mars 1814. Je me contenterai de leur
répondre, avec Napoléon lui-même, *que du
sublime au ridicule il n'y a souvent qu'un pas.*
Le guerrier le plus illustre, l'administrateur
le plus habile, peuvent se tromper aussi bien
que l'homme le plus obscur; si *Bourmont*

fut une de ses erreurs, un tel aveu dans Napoléon prouve qu'il se connaissait mieux que tous les flatteurs qui après l'avoir perdu de son vivant ont voulu faire d'une vie si pleine un roman merveilleux après sa mort. Quoi qu'il en soit il obtint, à ce prix, d'excellents instituteurs en niaiseries de préséance, de cérémonial et d'étiquette; il se procura l'avantage inappréciable d'atténuer, autant que possible, le ton et les allures des frères et amis de l'ex-Montagne, les propos parfois assez scabreux de corps-de-garde; de déguiser enfin sous le parfum des roses monarchiques l'odeur un peu trop roturière du tabac et de l'amadou.

Quant au fait en lui-même, *une Cour établie sur le plus haut pied*, jamais on ne pourrait me persuader que la vanité de Napoléon se trouvait au fond du sac. Je sais, il est vrai, et l'histoire l'enseigne à chaque page, que les petitesses ne sont pas rares même ailleurs que chez les héros; mais mon admiration pour le moderne Alexandre me

défend de lui prêter un sentiment aussi
étroit. Napoléon, si j'en crois du moins
les personnages qui ont vécu dans son in-
timité, réduisait à la plus simple expression
le prestige de la grandeur et le clinquant
des représentations théâtrales; je pense avec
plus de raison que, méprisant et pour cause
l'opinion de la multitude, il tenait cepen-
pendant à lui en imposer davantage en la
prenant par les yeux : moyen à qui tout
cède dans les rangs populaires, quand on
sait l'employer à propos! C'était encore,
dans sa manière de voir, attacher par un
dernier anneau, la volage fortune à son char
de triomphe.

Voilà donc l'officier d'artillerie au siége
de Toulon, devenu *monarque par la grâce
de Dieu*, au même titre que Pepin le Bref et
le premier des Capets! A l'exemple des fon-
dateurs de dynasties, il a peuplé d'une troupe
nombreuse *de fidèles à gages*, le palais des
Tuileries, château *Royal* s'il en fût jamais jusqu'au 14 juillet 1790, *National* par excellence

sous la convention et les conseils, et désormais palais *Impérial* des Tuileries et aussi long-temps *Impérial* qu'il plaira au dieu Mars de protéger les longues baïonnettes et les gros canons de son dernier locataire.

Il n'est jamais arrivé, dit-on, qu'un tyran ait manqué d'instruments de sa tyrannie ; et l'histoire atteste partout que le plus méchant prince a toujours trouvé bon nombre de flatteurs : or, Napoléon ne fut ni un tyran, dans l'acception ordinaire du mot, ni un méchant prince ; au contraire il se montra toujours avare du sang répandu sur l'é – chafaud ; et des monuments impérissables prouvent qu'il était jaloux de contribuer au bien-être et à la gloire des peuples soumis à sa puissance. Enfin, Napoléon était un grand homme : qu'on ne s'étonne plus maintenant si jamais à aucune époque un autre souverain se vit l'objet d'un pareil culte et d'autant de flatteries !

Les fidèles de la Cour, les grands corps

de l'Etat, les administrations secondaires, se
disputaient donc l'honneur de brûler un perpétuel encens aux pieds du trône impérial.

C'était un juste retour des rubans, des
honneurs et des pensions qu'ils recevaient
chaque jour de sa munificence ; car chez
les grands, mieux encore que chez les simples citoyens, l'intérêt est toujours le principal mobile de la reconnaissance.

A la vérité la fortune de l'empire, à cette
époque, était à son apogée de splendeur ;
l'aigle Napoléonien avait pris un vol inconnu
même au coq gaulois de la république ; le
monde le voyait déployer ses ailes victorieuses
sur toutes les capitales de l'Europe ; enfin,
chez l'étranger asservi ou tremblant de l'être,
Napoléon avait acquis à la France l'imposante
grandeur du peuple romain, au temps de
ses premiers Césars.

Les rapides progrès de la troisième coalition vinrent mettre un terme à cette adulation

servile. Comme ces *fidèles* qui depuis 89
avaient déjà changé dix fois de fidélité ; comme
ces grands corps de l'Etat, comme ces administrations, n'avaient eu pour but secret que
de s'emparer des honneurs et de la puissance,
en proclamant que Napoléon était la loi su-
prême et toujours vivante, ils comprirent
parfaitement et avec la plus vive douleur que
l'idole qu'ils s'étaient créée pouvait les en-
traîner dans sa chute ; au fond, la plupart
d'entr'eux n'avaient jamais aimé dans Napoléon que les faveurs qu'il était en position
de leur prodiguer à pleines mains ; à mesure
donc que le péril approchait, leurs flatteries
pour le monarque malheureux diminuaient
d'intensité : l'ennemi était aux portes de la
capitale ; mais, loin d'imiter ces vieux soldats
qui croyaient verser leur sang pour la patrie
en défendant leur Empereur, leur zèle éclata
en vaines protestations de dévouement, et
leur prudente et longue expérience ne les
abandonna pas dans ce moment de crise.
Les rois alliés proclamaient qu'ils ne combattaient que les soldats de Napoléon Bo-

naparte, qu'ils voulaient la conservation de
la France ; à leurs yeux, c'était leur promettre la conservation de leurs places : ras-
surés par cette interprétation, rêvant peut-
être déjà de nouvelles apostasies, ils gardèrent de fait une exacte neutralité.

On a beaucoup crié contre *le laisser
aller* du maréchal Augereau à Lyon ; on mau-
dit encore aujourd'hui la trahison du duc
de Raguse ; mais la résolution de l'un et la
fidélité de l'autre n'auraient retardé la catastrophe que de quelques mois. Je le répète
encore, la nation privée de ses droits politiques, fatiguée du despotisme militaire, usée
même par la victoire, ne pouvait retrouver
dans la défaite l'énergie qui n'est donnée
qu'aux peuples libres. D'un autre côté, les
sommités de l'édifice social n'éprouvaient de
sérieuses inquiétudes que pour elles-mêmes;
elles étaient décidées à tous les sacrifices
pour conjurer l'orage. La défection du duc
de Raguse hâta seulement la catastrophe :
elle livra Paris sans défense aux hordes étran-

gères ; et, le 31 mars 1814, la plupart de ces fidèles impériaux *allèrent à la barrière baiser la botte des souverains alliés*. Napoléon, du palais de Fontainebleau où il s'était réfugié, put distinguer facilement les acteurs de la nouvelle tragédie qu'on préparait à la France ; et, à l'aspect de ces courtisans déhontés qui pour prix de ses bienfaits passaient en masse dans le camp ennemi, il put s'écrier mais trop tard, avec le grand poète Racine :

> Détestables flatteurs, présent le plus funeste
> Que puisse faire aux rois la colère céleste!

Les rois coalisés avaient déclaré que l'empereur Napoléon était le seul obstacle au rétablissement de la paix générale ; mais, disaient leurs manifestes, il importait à la sécurité de l'équilibre des Etats, que la France fût grande et forte. Loin de s'immiscer d'ailleurs dans le choix du nouveau souverain appelé à régir ses destinées, et dans les formes du gouvernement à établir, les puissances reconnaissaient encore, de la manière la plus explicite, que ce droit appartenait à la France.

Napoléon abdiqua, et bientôt, nouveau Marius, assis sur un rocher de l'île d'Elbe, il put méditer à loisir sur l'inconstance du sort et le néant de la grandeur.

La trahison avait donné la capitale à la coalition; l'abdication de Napoléon et le traité de Fontainebleau lui livrèrent nos provinces.

Débarrassés en effet du colosse qui menaçait de les étouffer sur le territoire même qu'ils venaient d'envahir, les rois alliés oublièrent en un instant les promesses faites à la face du ciel, sous la double garantie de la confiance et de l'honneur.

La France devait rester *grande et forte*, et nos vainqueurs par ruse l'emprisonnèrent dans son territoire de 1789.

Au Nord, la Belgique et la Hollande, érigées en royaume des Pays-Bas, furent adjugées à un lieutenant de la Sainte-Alliance; les provinces Rhénanes se virent réunies à la Prusse.

A l'Est, la Savoie et le Piémont devinrent la propriété du roi de Sardaigne, autre lieu·tenant de la Sainte-Alliance.

Ainsi la coalition, au mépris des traités existants et des promesses les plus solennelles, enleva à la France les places fortes qui couvraient ses frontières naturelles du côté de la Prusse et des Etats de la Confédéra-tion Germanique. Elle s'adjugea un matériel immense de munitions de guerre, des villes florissantes, des campagnes riches et popu-leuses, et environ sept millions d'hommes qui nous étaient unis de cœur et d'intérêts depuis 1794.

La perte du Piémont raya ma malheureuse patrie de la carte des grandes puissances ; cette belle contrée était devenue partie inté-grante du territoire français, moins à titre de conquête que par la seule force des choses qui tendaient depuis longues années à rap-procher et à confondre les principes, les vœux et les besoins des deux peuples. Dès l'aurore de notre révolution, les Piémontais avaient salué de leurs acclamations nos glorieuses couleurs, et depuis ils n'avaient cessé de former des vœux pour le succès de notre sainte cause : avec des citoyens de plus, la France avait gagné, à la réunion, d'élever une insurmontable barrière à l'ambition d'un nouveau Charles-Quint. Maîtresse des Alpes, en supposant une reprise d'hostilité dans cette partie de l'Europe, elle contraignait même la Suisse à garder une parfaite neutralité : elle pouvait enfin faire de promptes et nombreuses blessures à son ennemi, et n'en recevoir que de faibles et en petit nombre. Nos frontières de ce côté étaient assurées, et les rives du Rhône garanties jusqu'à Lyon, cité si importante que le gouvernement est aujourd'hui condamné à fortifier à la hâte pour la mettre à l'abri d'un coup de main.

En restituant le Piémont à Sa Majesté Sarde, les rois alliés replacèrent de fait cette province sous le sceptre de plomb de l'Au-

c

triche redevenue aussi puissante en Italie qu'au temps de Louis XII et de François Ier.

Voilà comme la coalition entendit acquitter ses promesses ! c'est ainsi qu'elle interpréta, après la victoire, les proclamations échappées à ses terreurs secrètes au moment du combat ! Elle n'avait délivré l'Allemagne et passé le Rhin que pour combattre les soldats de l'empereur Napoléon : l'intégrité de la France grande et forte devait être respectée ; le repos de l'Europe et par conséquent l'intérêt des puissances coalisées l'exigeaient impérieusement. Et cependant *le Rhin ne portera plus à la France le tribut de ses eaux*, et les vedettes prussiennes seront replacées à sept journées de marche de sa capitale, tandis que dans l'Est, nos départements qui ne sont plus protégés par la chaîne inexpugnable des Alpes, laisseront Lyon et les villes du centre exposées sans cesse aux dangers de la première invasion !....

Si la coalition renouvelait contre la France

l'attentat dont la Pologne fut la victime lors
du premier partage de 1774, en ayant soin
de couvrir la déloyauté de sa politique, de
l'éternel prétexte d'assurer par le retour
de la paix et de la justice la félicité des
peuples; examinons comment elle répondit
aux justes espérances de ces populations
qu'elle était parvenue à soulever en 1813
contre Napoléon Bonaparte, au nom de la
liberté.

On se rappelle que d'autres promesses
non moins solennelles avaient été faites à
ces populations aux jours du péril; des
institutions généreuses à la hauteur du siècle
devaient cimenter, après la victoire, les intérêts respectifs des gouvernants et des gouvernés. Eh bien! la coalition a triomphé;
mais, par un acte d'ingratitude peut-être
sans exemple dans les annales de l'histoire,
elle condamne au même oubli la reconnaissance due à ses sauveurs, et ce saint respect
pour la foi promise, qui devrait toujours se
retrouver dans le cœur des rois, en admet-

tant même que la corruption pût le bannir de l'esprit des peuples.

A la vérité l'olygarchie étrangère porte aujourd'hui la peine de sa félonie de 1814; sa politique, insensible au cri de l'humanité et à la voix de la reconnaissance, avait parqué les peuples comme de vils troupeaux, au gré de son intérêt ou de ses caprices; mais le génie de la liberté a renversé un échafaudage élevé à si grands frais, et ce qui devait servir d'obstacle aux développements de la civilisation humaine, est venu s'offrir de lui-même pour hâter sa marche et propager l'éclat de son flambeau. Aussi, une nouvelle coalition contre la France est impossible! que dis-je, l'essai même n'en sera pas tenté. Eh! que pourrait une sainte-alliance de 1831 avec des bras meurtris depuis 1814 par les fers de la servitude? La faction anti-sociale aura beau s'agiter encore à Vienne, à Berlin, à Saint-Pétersbourg, son courroux s'exhalera en vaine fumée; car dans ses villes, au milieu de ses hameaux, ses sujets s'enivrent de l'espérance

de respirer à leur tour l'air d'un pays libre.
Oui, le jour même où la révolution sortie de
nos barricades a dépassé les trois mois du
20 mars, la coalition a déclaré son impuis-
sance; et désormais deux millions de gardes
nationales, dont une armée permanente de
six cent mille hommes forme l'avant-garde,
nous garantiraient au besoin, en l'absence
même de cette sympathie universelle, que
notre 30 juillet n'aura jamais son Waterloo!

Sous ce rapport les gouvernements ab-
solus ont donc merveilleusement servi la
sainte cause des peuples; car il est incontestable que le 31 mars 1814 a tué le
despotisme en Europe. Mais on peut, sans
pouvoir être taxé à son tour d'ingratitude,
se dispenser de la reconnaissance. L'olygarchie s'est trompée dans ses calculs d'oppression universelle; les évènements sont arrivés
au rebours de ses prévisions; voilà tout.
Toujours est-il que la coalition de 1814
voulut sanctionner par ses actes le double
crime de lèse-humanité et de lèse-nation;

et la France mutilée, et les nations remises
sous le joug, ont pu s'écrier avec le premier poète de notre époque, au sujet de
ce 31 mars 1814 :

Des deux côtés ce jour trompa la gloire !

CHAPITRE II.

DE LA

PRÉTENDUE RESTAURATION.

Mihi Otho, Galba, Vitellius, nec beneficio nec injuriâ cogniti.

ON a vu que les prétextes ne manquèrent pas à la coalition pour emprisonner la France dans ses limites de 1789; ce fut le rôle de la diplomatie. C'est donc avec des sophismes de rhéteur qu'elle excusa la violation de la foi jurée, et l'abus révoltant d'une honteuse victoire. La *légitimité* de droit divin, disait-elle, ayant triomphé de *l'usurpation* qui avait tout bouleversé depuis 1793, l'ordre et l'exacte équité réclamaient également, des hautes puissances alliées, la remise des choses dans le *statu quo* de 1788; l'intérêt bien

entendu des peuples que la divine Providence avait confiés à leur garde, exigeait impérieusement cette salutaire mesure. Le droit
public des nations, leurs devoirs réciproques,
leurs relations de bon voisinage, le bonheur
du présent, la sécurité de l'avenir, voilà
les avantages immenses que la sagesse des
monarques entendait procurer à l'Europe !
La paix acquise au prix de tant d'efforts,
assise désormais sur les bases inébranlables
de l'intérêt général, ne sera plus compromise
par le souffle de nouveaux Eoles révolutionnaires ; et le génie malfaisant des conquêtes trouvera dans le bon sens des peuples, et au besoin dans la force des trônes
restaurés, un invincible obstacle à ses nouveaux projets de désorganisation sociale.

Ainsi parlait la diplomatie européenne !

J'ai déclaré une guerre éternelle au despotisme : le régime du bon plaisir, fût-il doré
sur toutes ses soudures, me pèserait sur le
cœur.

Que je haïs les tyrans! Combien dès mon enfance
Mes imprécations ont poursuivi leur char !
J'aurais chanté Caton à l'aspect de César!....
(DELILLE.)

C'est qu'il est de la nature de toute tyrannie, de ravaler l'homme au-dessous de la
brute !

Ce sentiment si naturel s'est fortifié, chez
moi, de l'étude de l'histoire; en effet, là
où j'ai reconnu la main du despotisme, j'ai
tout aussitôt constaté la misère et l'abru-
tissement profond de ses misérables victimes.

Avec un pareil fléau, les hommes ne sont
que des machines dont il dispose, qu'il use
et brise au gré de ses caprices, ou bien selon
les calculs de son ambition :

Les forfaits, en tout temps, sont l'histoire du monde!...

Ce vers que Ducis place dans la bouche
d'Hamelet, exprime une vérité qui a reçu la

sanction de l'expérience chez toutes les nations sillonnées par le pouvoir absolu. C'est
chez elles seulement qu'on rencontre à chaque
pas, les parricides, les empoisonnements,
les meurtres juridiques et les trahisons; et
remarquez, je vous prie, que l'œil observateur
du philosophe, les découvre aussi fréquem-
ment dans ces états si pompeusement décorés
des formes illusoires de la liberté, que dans
ceux-là mêmes où une volonté sans règle et
sans frein, tient lieu de loi fondamentale.

Sous ce rapport Rome et Carthage riva-
lisaient avec le royaume de Syrie et l'empire
des Parthes; de nos jours Venise, avec ses
délateurs salariés et ses inquisiteurs d'Etat,
notre *république* de 93 avec ses *bouchers* et
leurs guillotines ambulantes, ne le cèdent en
rien au fatal cordon de l'empereur Turc, et
au knout du kan des Tartares.

Mais, en définitive, il y a du *pire* même
dans le mal : proclamez à la face du ciel une
tyrannie à nu ; signifiez en commun, à des

sujets dont vous rivez les fers, qu'ils langui-
ront et périront dans les misères de la servitude ! Ma raison se révoltera, je le sais,
contre cet outrage à la dignité humaine; jour
et nuit je rêverai les moyens de m'y soustraire ; et l'insurrection, justifiée par la loi
naturelle, deviendra à mes yeux le plus saint
des devoirs. Mais, je pourrai du moins estimer
la franchise dans ce coupable abus de la force.
Que penser, au contraire, d'un despotisme
qui fait entrer dans ses chances de succès
l'emploi d'indignes fourberies, qui procède
par voie de sophismes, n'arrive au but que
par de longs détours, vous parle du Très-
Haut en dégradant son plus bel ouvrage, et
consomme enfin, au nom de la justice et
en maudissant le démon des conquêtes, les
usurpations les plus scandaleuses ?

Il était réservé cependant aux rois de la
sainte-alliance de donner un pareil spectacle
au monde en l'an de grâce 1814 ! C'est au
nom de la Trinité qu'ils se partagèrent les
dépouilles du faible, jurant peut-être par le

sang du divin Rédempteur, de ne pas épar-
gner au besoin, pour agrandir leurs états,
celui des hommes.

A ses immenses possessions de l'Inde,
l'Angleterre ajouta l'Isle - de - France, cet
antique boulevard de nos établissements
dans le Visapour et sur la côte de Coro -
mandel, et l'isle non moins importante de
Ceylan qui avait été long-temps une des
principales richesses de la compagnie hol-
landaise. Malte acheva de lui assurer dans
la Méditerranée la prépondérance que lui
donnait déjà Gibraltar : elle régna de fait
dans les mers de la Grèce, par l'acquisition
des isles ioniennes ; enfin la ville du Cap,
avec son vaste et fertile territoire sur la
côte d'Afrique, devint colonie anglaise.

La Russie ne s'oublia pas dans cette nouvelle *curée* du despotisme. Du duché de
Varsovie et de quelques annexes qui lui
furent cédés d'aussi bonne grâce, on recons-
titua à son profit un royaume de Pologne ;

elle incorpora à son vaste empire la meilleure province de Suède, sauf à cette dernière puissance à s'indemniser, par la conquête de la Norvège, aux dépens de Sa Majesté Danoise. La possession, de fait, de la Valachie et de la Moldavie, lui fut assurée; et bientôt elle put, de Jassy et de Bucharest, fomenter de nouveaux levains de trouble dans le reste de l'empire Turc, et menacer Constantinople. Au-delà du Caucase, elle s'empara de la Georgie, de la Mingrelie et de l'Imerète, toute prête à reculer ses frontières jusqu'à l'Araxe, au centre même de l'ancien empire Persan.

Pour ce qui concernait la maison d'Autriche, l'évènement du 31 mars 1814 décida irrévocablement, en sa faveur, les luttes sanglantes dont l'Italie fut l'objet et le théâtre sous Charles VIII, Louis XII et François Ier, et que les victoires de la république et le célèbre traité de Campo-Formio semblaient de nos jours avoir assurées à la France; l'État de Venise, en dépit du

vieux lion de Saint-Marc, se vit réuni au
Milanais, par M. de Metternich, sous le
titre de royaume Lombardo-Vénitien. Un
prince autrichien régna à Modène et à
Reggio; et, sous le nom de Marie-Louise,
la maison de Lorraine gouverna à Parme,
à Plaisance, et à Guastalla. Naples et les Etats
romains fléchirent sous son influence, de
telle sorte que l'Italie fut asservie au joug
de l'Allemagne, comme au temps où des
Othon et des Frédéric Barberousse déman-
telaient ses villes et semaient du sel sur leurs
ruines.

Dans cette audacieuse spoliation du droit
des peuples, la Prusse ne pouvait être oubliée;
elle avait supporté le principal fardeau de
la guerre durant toute la campagne de 1813 :
Napoléon lui avait porté de rudes coups en
Silésie. Berlin lui-même n'échappa à la
vengeance des Français, qui revenaient victorieux, que par le courage des troupes de
Frédéric-Guillaume accourues à sa défense;
et la fameuse journée de Dennevitz sauva

cette capitale, en rétablissant les affaires de la coalition !

Au commencement de l'année 1814, cette même armée prussienne ayant passé le Rhin avait éprouvé des pertes considérables aux journées de Champ-Aubert et de Mont-Mirail.

Enfin, l'armée prussienne avait constamment combattu, à l'avant-garde, les soldats de Napoléon; Frédéric-Guillaume obtint donc une large part dans la munificence de la coalition; et le congrès de Vienne, en ratifiant le traité de Paris du 30 mai 1814, lui donna en indemnités de ses services et de ses pertes, les provinces Rhénanes, une portion de la Pologne et une partie considérable de la Saxe.

Les rois alliés venaient de fonder ainsi leur pouvoir de droit divin sur la ruine de l'indépendance des Etats; mais leur tâche n'était pas remplie: restait la France avec ses limites de 1879; mais c'était toujours la France, et ce nom seul les faisait trembler !..

Cédant à une *niaise* générosité, lui abandonneront-ils le libre choix de son gouvernement ? Les rois alliés sentaient vivement que leur avenir allait dépendre de cette épineuse solution. La France était, il est vrai, emprisonnée par prudence dans ses limites de 1789; mais ils se rappelaient qu'à cette époque elle donna le premier éveil, et qu'elle fit pâlir d'effroi la vieille olygarchie européenne ! Qui pouvait leur garantir que, pour laver d'indignes outrages, elle ne ressusciterait pas quelque jour les triomphes merveilleux de Jemmapes, de Fleurus et de Marengo ? Dans la manière de voir des hauts signataires du traité de Paris, accorder à la France une dynastie de son choix, c'était remettre *tout en question* !....

L'intérêt de la coalition exigeait, au contraire, non une dynastie forte de sa seule nationalité, mais rassurante sur les chances

probables d'une nouvelle conflagration générale, par sa dépendance exclusive à la politique des puissances alliées. D'ailleurs, ne
régnant que sous leur bon plaisir, elle seule
pouvait signer, à la face du ciel, ce traité
qui consacrait l'odieux abus de la force et
l'oubli des engagements les plus solennels.

La coalition retirait en outre de l'exécution de ce projet un avantage non moins
marqué. Le gouvernement qui s'élèverait
sous ses auspices serait, par le seul fait de son
existence comme gouvernement, un outrage
vivant fait à l'honneur et à la gloire de la
France : une lutte entre ce gouvernement
et les intérêts populaires, ne tarderait donc
pas à s'engager.

Sourde d'abord, comme entre personnes
qui ne s'aiment ni ne s'estiment, mais qui
cherchent à se bien connaître avant de me-
surer leurs forces, elle apparaîtrait bientôt
au grand jour. La nation française d'un côté
ne manquerait pas d'opposer une résistance

D

de tous les instants aux efforts *de ce can-cer politique*, et de l'autre côté, celui-ci ne cessant d'user ses forces pour soumettre ces résistances, la coalition rassurée dès-lors sur l'avenir, par le tableau de nos divisions intestines, pourrait river à plaisir les derniers anneaux de la chaîne liberticide dont elle projetait d'accabler *ses dieux sau-veurs.*

Cette résolution, qu'on serait tenté d'attribuer à quelque génie des ténèbres, ayant été arrêtée par les puissances alliées, leur diplomatie reçut l'ordre de s'entendre avec quelques hauts apostats soi-disant français et initiés de longues mains dans le secret de toutes les intrigues tramées contre les vrais intérêts et contre la gloire de ma patrie.

Le chef de l'ancienne maison de Bourbon, désigné du temps de la république et de l'empire sous le nom de comte de Lille, et qui devait être imposé plus tard à la France sous celui de Louis XVIII, habitait alors en Angleterre le château de Hartwel.

Ce prince avait émigré le 21 juin 1791, en haine de la liberté reconquise aux journées de la Bastille, abandonnant ainsi son frère et son roi au péril de la tourmente révolutionnaire.

A peine arrivé en Allemagne, il s'était hâté d'assister au congrès de Pilnitz, et provoqua, dit-on, cette fameuse déclaration qui promettait l'incendie et le pillage aux populations assez osées pour s'opposer à la marche du fameux duc de Brunswick.

Devenu l'âme des premiers complots tramés chez l'étranger contre l'indépendance de la patrie, le comte de Lille se hâta de faire part à Louis XVI des négociations entamées, en l'engageant fortement à refuser son adhésion à l'acte constitutionnel élevé aux libertés publiques par l'assemblée constituante.

Le comte de Lille voulut ajouter l'autorité de l'exemple au pathétique des exhortations. Il protesta donc, dans les papiers publics étrangers, contre tout ce qui avait été fait en France depuis la séance du jeu de paume, et contre tout ce qui pouvait l'être par la suite. Il terminait son manifeste par déclarer *que l'empereur d'Allemagne et le roi de Prusse étaient décidés à rétablir l'autorité royale de Louis XVI, dans la plénitude de tous ses droits.*

Le 8 août 1792, l'assemblée législative, cédant au cri de l'opinion publique qui, dans tous les temps et chez tous les peuples, a flétri et poursuivi la traîtrise, décréta d'accusation le frère de l'infortuné Louis XVI; et le 16 du même mois, il fut déclaré, d'une voix unanime, déchu de son droit a la régence.

Cette haute mesure de justice nationale ne fit que hâter le dénouement des intrigues coupables ourdies par le comte de Lille, et

le 8 août suivant, il signa avec le comte
d'Artois un manifeste qui fut consideré, chez
l'étranger même, comme une seconde édi-
tion de celui du duc de Brunswick. Bientôt
il partit, toujours accompagné du comte
d'Artois, à la tête de six mille hommes de
cavalerie, pour se réunir à l'armée prussienne
qui se préparait à étouffer la liberté française dans son berceau.

Le succès ne répondit pas à l'attente de
la première coalition : l'ennemi croyait
prendre la France au dépourvu; il spéculait
sur nos déchirements intérieurs, habilement
fomentés et entretenus par les nombreux
agents de l'émigration.

Mais le manifeste du duc de Brunswick
avait indigné tous les cœurs et électrisé
toutes les têtes; de tous les points du territoire on courut aux armes; l'étendard
aux trois couleurs guida nos bataillons de
soldats improvisés; les satellites mercenaires
furent honteusement repoussés, et la Cham-

pagne purgée de la présence de l'armée prussienne !

Les fanfaronnades de l'émigration se chan-
gèrent alors en profonde tristesse : ses
railleries firent place à des larmes amères ;
retranchée derrière les bagages ennemis (1),
l'émigration avait rêvé l'asservissement d'un
grand peuple ; ses espérances liberticides s'é-
vanouirent avec la fortune, et son chef fut
le premier à lui donner le prudent exemple
d'une prompte retraite. Le plus pressé pour
les traîtres est toujours d'échapper à cette
vengeance nationale qui les atteint tôt ou
tard !

Retiré d'abord dans le château de Ham
en Westphalie, le comte de Lille, que le
bruit des victoires républicaines jetait dans
des accès de fureur, ne tarda pas à le quitter;

---

(1) Le quartier-général du comte de Lille et du comte
d'Artois ne dépassa point Verdun et Vouzières.

il passa les monts, traversa une partie de
l'Italie, et fixa définitivement sa résidence
à Vérone, dans l'état de Venise.

C'était un spectacle assez extraordinaire
que de voir le chef fugitif de cette même
maison de Bourbon qui, sous Louis XII,
mit le sénat et le doge à deux doigts de
leur perte, mendier un asile et s'établir,
avec la permission de ce même sénat et de
ce même doge, dans une cité déja célèbre
sous les Césars, au milieu de ces amphi-
théâtres à demi-ruinés et de ces colonnades
renversées par la main du temps.

A Vérone le comte de Lille continua ses
intelligences avec les factieux du midi et de
l'ouest de la France ; mais le gouvernement
de la république, victorieux des ennemis
extérieurs, intima l'ordre à son humble
sœur d'expulser de son territoire un prince
qui ne cessait d'y organiser des complots
contre le nouvel ordre de choses établi
dans l'ex-royaume *très-chrétien*.

Venise était faible ; les triomphes du gouvernement français légitimaient à ses yeux
le droit de parler en maître ; Venise se hâta
d'obéir : il fut donc enjoint au comte de
Lille de quitter, dans le plus bref délai,
Vérone et les états Vénitiens.

Le comte de Lille s'éloigna à regret du beau
ciel de l'Italie, et se rendit avec des désirs
de gloire, à l'armée de Condé établie sur les
rives du Rhin. A peine arrivé, il manifesta
hautement l'intention de servir *en qualité de
simple volontaire* : décidément le *royal* per-
sonnage voulait gagner ses éperons. Il trouva,
dans le généralissime et les autres chefs supé-
rieurs de cette armée, peu de contradicteurs ;
le prince et les nobles étaient flattés inté-
rieurement de commander, un jour de bataille, *à leur roi seigneur et maître*. Mais,
par malheur, l'Autriche s'avisa de s'opposer
à une résolution aussi héroïque ; peut-être
craignit-elle que cet exemple ne devînt con-
tagieux *pour les têtes couronnées*. Quel que
fût du reste le motif réel de cette puissance,

à Vienne on prit ombrage du noviciat militaire du comte de Lille; on poussa même l'oubli des convenances jusqu'à lui signifier de quitter sur-le-champ *cette armée de nobles chevaliers.*

Les plaintes, les sollicitations, les prières du comte de Lille furent employées en pure perte; la cour de Vienne resta inflexible. On dit alors un adieu à la gloire, en déposant *le sac et le mousquet*, et l'on prit philosophiquement le chemin de Blankemberg.

La cour de Vienne qui contrariait l'humeur belliqueuse du comte de Lille, lui rendit en cela un service essentiel; rien n'indiquait que *dans la personne du prétendant* il y eût de l'étoffe à héros; d'ailleurs de nouvelles intrigues dirigées contre les libertés de la France, l'attendaient à cette dernière résidence : Pichegru venait de se dévouer corps et biens aux intérêts de l'émigration armée.

Depuis quelques mois le comte de Lille et le prince de Condé entretenaient des correspondances assez actives avec le vainqueur de Fleurus, qui consentait à devenir, de l'un des plus illustres défenseurs de la république, le vil instrument d'une lâche trahison. Le nommé Fauche Borel, agent actif des princes, fut spécialement chargé d'amener à bien cette coupable entreprise. Le comte de Lille lui promettait en échange le gouvernement de Paris, le titre de duc et pair de France, *l'épée de connétable* et quatre cent mille francs de rente.

On sait que Pichegru, pour obéir aux instructions des implacables ennemis de sa patrie, se laissa battre au-delà du Rhin, par les troupes autrichiennes; on sait encore que cette infamie ternit à jamais sa gloire militaire, sans être d'aucune utilité pour les intérêts de l'émigration.

Le Directoire venait de succéder au Comité de Salut Public; il ne tarda pas à être instruit

des connivences et des démarches du général
Pichegru ; trop faible encore pour sévir
avec éclat contre le conquérant de la Hollande
qui se trouvait à la tête de trois corps d'armée, il se contenta de le rappeler sous des
prétextes honorables, et lui offrit l'ambassade
de Suède.

Pichegru, comme de raison, refusa cette
faveur du Directoire qui dérangeait tous
ses calculs ; il se retira donc à Arbois, dans
son pays natal, d'où il ne cessa d'entretenir
des intelligences avec le comte de Lille et
l'émigration, et de diriger leurs démarches
dans l'intérieur de la France.

La journée du 18 fructidor an 5 (4 septembre 1797) rompit tous les fils de cette
coupable trame ; Pichegru fut arrêté avec
Willot et d'autres partisans du comte de
Lille, dans la salle même des séances du
conseil des Cinq-Cents, dont il était membre
depuis le mois de germinal an 5 (mars 1797).
Transporté avec ses collègues à la prison du

Temple, il fut condamné le lendemain à être déporté à la Guiane. Embarqué à Rochefort, il arriva bientôt à Cayenne, et de là transporté, en vertu des ordres du directoire, dans les déserts de Sinnamari.

La révolution du 18 fructidor, qui sauva la république à cette époque, ruina les espérances de l'émigration.

Quelques mois après, le comte de Lille quitta Blankemberg pour se rendre à Mittau. Une nouvelle coalition se formait contre la France; *le prétendant* se hâta d'*unir ses efforts* à ceux de l'empereur de Russie et du roi de Prusse qui entraient de nouveau en campagne *contre ses chers et fidèles sujets* : il publia un manifeste; des proclamations nombreuses furent répandues en son nom dans tous les départements de l'Ouest, où les chouans reprenaient les armes dans le but d'opérer une diversion favorable aux progrès des armes russes et prussiennes. Dans le même temps, le parti royaliste faisait

d'immenses efforts aux environs de Toulouse,
où s'établissaient des communications insur-
rectionnelles avec les départements du Gard,
de l'Hérault et des Bouches-du-Rhône.

Grâce au fléau de la guerre civile et à
l'appui des armes de l'étranger, l'avenir
s'offrait aux regards du comte de Lille sous
un moins sombre aspect : la révolution du
18 brumaire an 8 (9 novembre 1799) anéantit
encore une fois *ses châteaux en Espagne.*

La Russie, attachée depuis trois ans à la
politique du gouvernement anglais, rompit
tout-à-coup avec lui. Paul Ier, par une de
ces déterminations qui dérangent tous les
calculs, reconnut la république française et
contracta une étroite alliance avec le premier
consul. La conséquence d'un pareil évènement pour le réfugié de Mittau, était facile
à prévoir ; effectivement l'un des premiers
actes du cabinet de Saint-Pétersbourg qui sui-
virent cette reconnaissance fut de signifier
au comte de Lille de s'éloigner du territoire
russe.

Repoussé naguère par la craintive politique des Etats Allemands, contraint de
fuir aujourd'hui le sol de cette Russie dont
il attendait asile et protection, le comte de
Lille obtint la permission de résider à Varsovie, sous la surveillance de la cour de
Berlin.

Les résultats de la campagne de 1805
contre l'Autriche vinrent de rechef le trou-
bler dans ce dernier asile; l'armée française
victorieuse menaçait déjà l'antique capitale
de la république polonaise : il fallut fuir
pour ne pas tomber entre ses mains.

Une circonstance vint ajouter à l'amertume
de ce résultat pour le comte de Lille.

Le premier consul venait d'être proclamé
empereur; la monarchie était reconstruite
au profit d'un soldat heureux : c'était un
obstacle de plus à ajouter aux chances *de
la restauration*. Vainement, par une lettre
autographe adressée à tous les cabinets de

l'Europe , le comte de Lille protesta-t-il contre ce qu'il appelait l'usurpation de ses droits légitimes ! Napoléon, salué par les acclamations du peuple et des armées , fut successivement reconnu en qualité d'empereur par tous les souverains de l'Europe , à l'exception de Georges III; et cette inutile protestation *du soi-disant roi de France* ne fit qu'ajouter aux motifs de haine personnelle que vouait Napoléon au comte de Lille, depuis sa réponse monarchique du 28 mars 1803 (1).

La fin tragique de Paul Ier rendit une lueur d'espoir à l'émigration ; à la vérité Alexandre continua, les premières années de son règne, de cultiver les liaisons d'étroite amitié que son malheureux père avait en-

---

(1) Cette réponse est trop connue pour qu'il soit nécessaire de la rappeler ici ; on remarquera seulement que par le langage des Bourbons à cette époque on pouvait prédire en 1814 leur conduite postérieure lorsqu'ils se croiraient solidement établis sur le trône. Cette réponse ne parlait *que de leurs droits et de leurs peuples.*

tretenues avec la France; mais bientôt un
autre système prévalut dans les conseils de
son successseur : ce changement de politique
en amena un autre dans la position du comte
de Lille; la cour de Saint-Pétersbourg l'en-
gagea à revenir habiter Mittau où, par son
ordre, tous les égards lui furent prodigués
avec une affectation qui présageait déjà une
nouvelle et éclatante rupture entre le cabinet russe et le gouvernement français.

La joie des émigrés de Courlande fut de
courte durée; la victoire resta fidèle en 1807
à l'aigle de Napoléon, et ce conquérant
dicta la paix à la Russie avec la pointe de
son épée.

Un traité fut donc conclu entre les deux
couronnes; et, par une condition expresse,
le cabinet des Tuileries exigea que le prétendant fût renvoyé encore une fois des
états de l'empereur Alexandre.

Le comte de Lille, ennuyé d'importuner

les rois de l'Europe de ses remontrances
et de ses plaintes, fatigué surtout de col-
porter de ville en ville le spectacle des
grandeurs passées de sa maison et de ses
infortunes présentes, prit enfin la résolution
d'abandonner le continent et de se retirer
en Angleterre; il fit acheter la terre et le
château de Hartwel, et vers la fin de 1809, il
passa la mer et vint y établir son domicile.

On sait que, dès le 28 janvier 1793, ce prince
avait reconnu et proclamé le fils de l'infortuné
Louis XVI, sous le nom de Louis XVII; il
prit en même temps le titre de régent, et dé-
féra celui de Lieutenant-Général au comte
d'Artois. A la mort de Louis XVII, le comte
de Lille se proclama lui-même roi de France.

Il continua en Angleterre à se parer des
vains honneurs de cette royauté *in partibus*.

Le désastre de Moscou et la troisième
coalition rendirent bientôt le comte de Lille
à ses intrigues politiques; du château de

E

Hartwel il dirigeait ses agents à l'étranger, et correspondait avec les factieux de l'intérieur qui ourdissaient de nouvelles trames : ainsi le 31 mars 1814 le trouva livré tout entier aux moyens de rétablir sa fortune sur les débris de notre puissance.

Il résulte de ce qui précède que l'histoire de l'émigration n'offre aux méditations du lecteur qu'une longue suite d'attentats dirigés contre l'indépendance du peuple français. Le canon de la Bastille et la fédération du 14 juillet ne purent ramener et soumettre à la loi commune l'entêtement des préjugés et l'égoïsme d'un stupide orgueil. Egarée par la haine et guidée par l'esprit de vengeance, cette émigration ne cessa d'appeler à son aide les fléaux de l'invasion étrangère et les horreurs de la guerre civile. Enfin, c'est avec la lance des cosaques et à la lueur des torches contre-révolutionnaires qu'elle médita, pendant vingt-cinq années, de nous replacer sous le triple joug du despotisme monarchique, nobiliaire et religieux.

Une semblable conduite se recommandait
assez d'elle-même au bon souvenir des rois
alliés : aussi leurs troupes bivouaquaient à
peine sur les places et dans les rues de la
grande capitale, et déjà, dans leur sagesse,
ils avaient décidé *que la maison de Bourbon serait rendue aux vœux de la France.*

L'ironie était amère : comment supposer
en effet qu'une nation vaincue par ruse pût
saluer de ses acclamations *ces mêmes émigrés* qu'elle n'avait cessé de combattre sur
tous les champs de bataille, pour se soustraire à leur domination (1)?

Quoi qu'il en pouvait être de ce généreux
empressement à condescendre aux vœux
de la France, le projet *de restauration* était
décidément arrêté : restait la mise à exécution. La coalition rencontrait ici des diffi-·
cultés de plus d'un genre; il faut convenir

(1) Voyez les proclamations de l'Empereur Napoléon
du 1er mars 1815.

que le cas était grave, le succès fort douteux, et son avortement aurait eu peut-être
les conséquences les plus fâcheuses. La sainte-
alliance était, il est vrai, maîtresse de Paris;
et, ce qu'il y avait de plus rassurant, elle
l'occupait avec trois cent mille soldats : mais
Napoléon était à Fontainebleau à la tête de
quatre-vingt mille guerriers, vieux triom-
phateurs de l'Europe. Il était encore Empereur et se rappelait qu'avec moins de soixante
mille conscrits, il avait franchi jadis le Mont-
Saint-Bernard et chassé devant lui les nombreuses armées de l'Autriche.

La prudence, parfois conseillère de la peur,
prescrivait donc à la coalition de s'abstenir
de toute intervention directe dans le choix
du nouveau souverain appelé à régner sur
la France. Le tenter, c'était dessiller les
yeux des plus crédules, en mettant à nu la
pensée secrète des puissances; c'était le moyen
infaillible de rattacher à la fortune et à la
personne de Napoléon toutes les classes
fortes et éclairées qui ne voulaient plus de

son despotisme, mais qui rejetaient avec indignation jusqu'à la seule pensée de recevoir un roi par la grâce des cosaques et des pandours !...

Enfin cette même prudence leur criait peut-être : Songez à vos protestations de respecter les libertés d'un peuple chez lequel vous êtes entrés *en amis* ; craignez d'irriter l'opinion et d'exaspérer les masses ! Napoléon est encore proche, l'insurrection vous entoure ; si les français retrouvaient leur énergie de 1798, que deviendriez-vous ?... En pilotes expérimentés, les politiques de la sainte-alliance louvoyèrent habilement entre ces écueils ; en public, ils gardèrent donc toute l'apparence de la plus stricte neutralité ; mais en secret ils firent jouer tous les ressorts de l'intrigue, ils eurent recours à toutes les séductions dans le but d'arracher à une opinion factice *la menteuse* expression des vœux de l'immense majorité.

CHAPITRE III.

SUITE

DE LA PRÉTENDUE RESTAURATION.

> Régner c'est n'être pas avare
> De lois, de rubans, de grands mots !

MONSIEUR Bellart, de hideuse mémoire, était, à cette époque, président du conseil général du département de la Seine. Avocat au parlement de Paris, peu de mois avant la destruction de ces cours souveraines, le nouvel ordre de choses le trouva d'une opinion politique plus que douteuse; il se chargea successivement de la cause de l'abbé de Salomon, accusé de conspiration contre le Directoire, et de celle de Mlle de Cicé, atteinte et convaincue d'avoir reçu et caché, dans son domicile, Saint-Regent et Carbon, les auteurs de la machine infernale, dont l'explosion causa la mort d'une foule de citoyens paisibles.

La faction royaliste, enhardie par la faiblesse du Directoire, comprimée mais non anéantie par le gouvernement consulaire, ne laissait pas *de se faire jour* dans certains salons de bonne compagnie; c'est donc *à la couleur* de ces procès, et non au mérite intrinsèque de M. l'avocat Bellart, qu'il faut attribuer son succès de vogue au barreau parisien. Il paraît du moins que ses confrères en jugeaient ainsi, car ils avaient coutume de dire au palais : L'éloquence est un *bel art*, mais *Bellart* n'est pas l'éloquence. Il signa depuis, en 1804, et comme par un instinct secret qui le poussait vers l'émigration, *un mémoire* en faveur de ce même Moreau qui devait justifier, en 1813, sous les murs de Dresde, les prévisions de Napoléon Bonaparte.

On connait l'opinion et les actes politiques

de M. Bellart en 1815 : le député de la chambre introuvable démasqua entièrement l'avocat qui, dans le procès *Cicé*, sympathisait déjà avec les intérêts des sicaires qui attachèrent la mèche à la machine infernale ; il s'y montra constamment le provocateur passionné des mesures les plus tyranniques ; les lois et les tribunaux d'exception n'eurent pas de plus zélé défenseur, et la liberté de la presse, d'ennemi plus acharné à sa ruine. Enfin la France en deuil fut condamnée à contempler M. Bellart requérant la peine de mort contre l'infortuné maréchal Ney que deux défenseurs disputaient au plomb assassin du bourbonisme ; l'histoire dira même un jour que M. Bellart se plaignait de la longueur de la procédure, et que, *dans cette affaire de sang*, il trouva moyen de faire l'éloge *de la longanimité* de cette cour des pairs qui se montra si bassement atroce.

Mais n'anticipons point sur les évènements ; laissons le député procureur-général de 1815 pour revenir au simple jurisconsulte de 1808.

M. Bellart était lié d'amitié, on ne sait à quel titre, avec M. Frochot, préfet de la Seine; il obtint, par l'influence de ce magistrat, l'avantage d'être au nombre des membres composant le conseil général de ce département. Bientôt il devint auprès de Napoléon *le teinturier* et l'orateur obligé de ce corps administratif. L'histoire, qui aura le malheur de citer M. Bellart, n'oubliera pas cette foule d'adresses adulatrices rédigées et débitées à froid par M. Bellart, au nom du conseil général, adresses qui divinisaient à chaque ligne, le héros, le conquérant, le législateur.

Si M. l'avocat Bellart s'était contenté de ces flagorneries, l'histoire ne s'en occuperait guères. A l'exemple des fidèles de l'empire il paya son tribut de faiblesse et d'ambition à l'idole du jour; et son excuse est dans leur exemple. Mais la France de 1814 a malheureusement bien d'autres griefs à exposer : elle reprochera éternellement à M. Bellart d'être entré le premier dans

les vues secrètes d'une coalition armée contre
sa gloire et son indépendance ; d'avoir enfin
pris l'initiative de la trahison en retirant
de l'oubli une famille proscrite par toutes
nos assemblées nationales, pour la replacer
sur un trône d'où la volonté générale du
peuple l'avait déjà fait descendre.

Effectivement le conseil général du département de la Seine, habilement travaillé par
les intrigues de M. Bellart, son président,
le chargea de rédiger la proclamation sui-
vante, qui fut affichée et publiée dans tout
Paris, le 1ᵉʳ avril 1814, c'est-à-dire le lendemain même de l'occupation de la capitale
par les armées de la coalition :

« Le conseil général du département de
» la Seine, conseil municipal de Paris, spon-
» tanément réuni, déclare à l'unanimité de
» ses membres *présents*, qu'il renonce for-
» mellement à toute obéissance envers Napo-
» léon Bonaparte; exprime le vœu que le
» gouvernement *monarchique* soit rétabli

» dans la personne de Louis XVIII et de
» ses successeurs *légitimes*; arrête que la
» présente proclamation et la déclaration
» qui l'explique, seront imprimées, distri-
» buées et affichées à Paris, notifiées à toutes
» les autorités restées à Paris et dans les
» départements, et envoyées à tous les con-
» seils généraux de département. »

La proclamation du conseil général pro-
duisit à Paris un effet impossible à décrire :
la masse du peuple, muet témoin de la
souillure imprimée à la grande capitale par
les armes de l'étranger, restait partagée entre
l'indignation et la stupeur ; les patriotes
éclairés criaient à la trahison, tandis que
les hommes faibles, habitués à s'arranger
sous tous les régimes, considéraient d'un
œil sec la perte de notre indépendance. Les
agents secrets de l'étranger et des Bourbons
se prirent seuls d'un bel enthousiasme : suivis
de cette lie du peuple qui sert toujours le
nouveau pouvoir, par la raison *qu'elle les*
confond tous dans le même dévouement,

ils vociférèrent la royauté légitime sur nos places et dans nos rues.

Ce mouvement royaliste fut admirablement secondé par un énorme déploiement.... de mouchoirs de poches aux mains de quelques douairières du faubourg Saint-Germain, et de bon nombre *d'élégantes* du Palais-Royal et des rues adjacentes; ainsi fut implantée sur le sol Français cette souche dégénérée du vieil arbre Capétien, par des mains françaises et sous la haute direction de l'étranger !

Le 2 avril le Sénat fut convoqué extraordinairement sous la présidence de M. de Talleyrand qui, en sa qualité de grand électeur de l'empire et de membre du conseil de régence, aurait dû accompagner à Blois l'impératrice Marie-Louise, au lieu d'attendre à Paris une audience secrète de l'autocrate du Nord.

Le résultat de cette convocation extraordinaire fut l'organisation provisoire d'une

commission de gouvernement que l'on com-
posa de quelques créatures de M. le prince
président, et d'un certain abbé de Montesquiou.

Le 3, le Sénat décréta la déchéance de
l'empereur Napoléon.

Le 4, il délia le peuple et l'armée du serment de fidélité et d'obéissance à ce grand
homme tombé dans l'infortune.

De son côté le gouvernement provisoire
enjoignit, par simple ordonnance et de son
autorité privée, d'arborer le drapeau blanc
et de rétablir sur tous les édifices et dans
les actes publics, les fleurs-de-lys et les
autres insignes de la dynastie *restaurée*.

Ce coup d'état de la commission pré-
sidée par M. de Talleyrand ouvrit les yeux
aux sénateurs; ils s'aperçurent trop tard
qu'ils s'étaient donné des maîtres; mais
il leur était impossible de revenir sur leurs

précédentes déclarations : le mal était sans remède, la gloire française était étouffée, l'indépendance nationale anéantie. Dans ce grand naufrage des existences politiques, ils essayèrent du moins de se sauver à l'ombre d'une popularité douteuse ; et, par un acte du 6 avril même mois, les sénateurs rappelèrent Louis **XVIII** au trône, sous le titre de *Roi des Français*, et décrétèrent une constitution qui devait être soumise dans le plus bref délai à l'acceptation du nouveau monarque.

Un des articles de cette constitution improvisée portait expressément que les sénateurs formeraient la chambre haute dans le gouvernement, que leurs dignités seraient héréditaires de mâle en mâle, et qu'une rente de 40,000 francs serait affectée à chacun d'eux à titre de *majorat*.

Ce projet d'acte constitutif déplut à la fois aux puissances alliées, à l'émigration et au peuple.

Les puissances alliées qui avaient reconnu dans le Sénat, le droit de déchéance prononcé contre Napoléon Bonaparte, lui déclinèrent la faculté d'appeler au trône un prince de *leur couleur*, et de lui dicter une constitution ; d'ailleurs ce titre de roi des français les reportait à de fâcheux souvenirs, à la grande victoire populaire de 89, aux prodiges du drapeau tricolore, enfin à leurs nombreuses défaites encore saignantes.

Les Bourbons rejetèrent avec dédain un don que le Sénat, dans l'état actuel des choses, ne pouvait se dispenser de leur offrir *au nom du peuple*, et qu'ils étaient assurés d'obtenir par leurs intrigues, appuyées au besoin de la baïonnette de leurs alliés, nos éternels ennemis.

Un seul titre leur était cher, car ils le rêvaient depuis vingt-cinq ans, celui d'être en fait, comme ils prétendaient l'être en droit, par la grâce de Dieu, roi de France et de Navarre ; une couronne offerte par la volonté nationale n'avait rien d'attrayant pour eux ; c'est à se voir rétablis *sur leur trône*, par la divine providence et par un prince régent d'Angleterre, qu'ils bornaient toute leur gloire. Fi de l'obéissance et de la fidélité *des citoyens*! Rois légitimes, ils ne cherchaient que *des sujets*. Malheureux Bourbons! déjà, dès 1814, ils prenaient à tâche de prouver qu'ils *n'avaient rien oublié ni rien appris* dans leurs longs jours d'adversité.

Enfin le peuple, qui a en certaines choses un instinct admirable, s'avisa de trouver mauvais qu'un corps politique, après avoir détruit le pouvoir même dont il tenait son existence, osât s'interposer entre ses vœux légitimes et les prétentions du royalisme et de l'étranger. Sa servilité passée et ses actes honteux d'une obéissance aveugle, lui revinrent à l'esprit : c'est à travers ce prisme que le peuple jugea la déclaration du Sénat et son projet de constitution ; il ne vit, dans l'héridité et dans l'établissement des majorats,

F

que le désir de conserver les honneurs et la fortune au milieu de la ruine générale; le peuple indigné cria haro sur le Sénat conservateur; les agents de l'émigration et de l'étranger firent chorus, et la déclaration et le projet de constitution furent rendus aux cartons de la chancellerie sénatoriale.

Cependant le comte de Lille, que nous appellerons désormais Louis XVIII, était débarqué à Calais qu'il ne fit que traverser pour se rendre à Compiègne où l'attendaient *les maréchaux de l'empire*. Ces grands officiers de Napoléon oublièrent entièrement auprès *du roi légitime* les anciens serments faits *à l'usurpateur*. Ils parlèrent avec gravité de leur fidélité inaltérable à l'auguste race de Saint-Louis; ils préconisèrent le bonheur que la France se préparait à goûter sous le sceptre paternel *de Louis le désiré*; ils s'extasièrent *sur la royale sagesse* de ce digne petit-fils de Henri IV.

Et c'étaient pourtant de vieux généraux

de Napoléon, des compagnons de ses travaux et de sa gloire qui donnaient au monde l'étrange spectacle d'une aussi honteuse palinodie !

Et l'ennemi occupait la capitale du grand peuple ; il bivouaquait sur nos places et dans nos jardins publics ; ses canons étaient braqués sur nos quais et devant nos maisons !

Et cependant nous avions vu ces mêmes maréchaux, lorsque le soleil de l'empire brillait du plus vif éclat, jurer au héros-législateur de M. Bellart, sur le berceau même du roi de Rome, *que les lys seraient à jamais le butin des abeilles*! Protestations trompeuses, dévouement hypocrite, vous deviez fuir avec la victoire. Les voyez-vous comme ils ont hâte d'arracher les insignes de l'empire de leurs vieux habits que respecta la mitraille aux journées immortelles d'Austerlitz et de Friedland, pour y substituer les armoiries de l'armée condéenne et de la chouannerie? Hélas ! broderies pour broderies, ils tenaient peu à la forme du dessin ; l'important à leurs yeux était de conserver des habits brodés.

Le 2 mai, Louis XVIII s'arrêta à Saint-Ouen, où les premiers corps de l'Etat s'étaient rendus *pour le complimenter.*

Le Sénat s'empressa de le féliciter sur son heureux retour, *qui rendait à la France son gouvernement naturel.*

« Sire, lui disait-il: en remontant sur votre trône *vous succédez à vingt années de ruines et de malheurs.* Il faut des prodiges pour guérir les blessures de la patrie; *mais nous sommes vos enfants, et les prodiges sont réservés à vos soins paternels* ! »

Le corps législatif renchérit encore sur les phrases adulatrices du Sénat, et il se félicita comme d'un rare bonheur *de se présenter encore une seconde fois devant Sa Majesté.*

La cour des comptes succéda au corps législatif; et, par l'organe de son premier président, *elle déposa aux pieds de Louis XVIII l'hommage de son profond respect.*

« L'université de France, disait à son tour M. de Fontanes, son grand-maître par décret impérial, *ne s'approche qu'avec la plus vive émotion* du trône de Votre Majesté ! Les français de tous les âges n'ont plus qu'un même esprit *sous un roi français*, et les vertus royales, apanage de votre auguste maison, feront bientôt oublier les temps douloureux qui s'écoulèrent loin de vous.

» Sire, on ne pourra parler de Votre Majesté à la jeunesse, sans publier les merveilles et les bienfaits de ce Dieu qui protège toujours la France, *puisqu'il vous ramène sur le trône de vos pères.* »

Mais laissons ces turpitudes qui dégoûteraient à jamais de l'espèce humaine, si le sage pouvait oublier un seul moment tout ce qu'il est possible de rencontrer de bassesse dans la soif du pouvoir et dans le délire des honneurs.

A travers les flots d'encens que la lie de tous les régimes prodiguait, à Saint-Ouen, au protégé de la sainte-alliance, Louis **XVIII**, retiré dans le silence du cabinet, était livré aux réflexions les plus graves. Ce prince, à qui la capricieuse fortune venait de rendre une couronne, possédait il est vrai ces pré-jugés de droit divin, ce désir secret et intime de la puissance absolue qu'il avait sucée avec le lait à la cour corrompue de Louis **XV**; mais, il faut le dire à sa louange, quoique déjà vieux il rentrait dans la jeune France avec une connaissance assez juste de sa posi-tion personnelle.

En remontant *sur le trône de ses ancêtres,* il saisit d'un coup-d'œil l'ensemble des dan-gers de tous genres qui menaçaient son gou-vernement.

D'un côté, il voyait avec effroi une nation

grande, généreuse, qui s'était levée jadis comme un seul homme, à la voix de la liberté, humiliée aujourd'hui dans sès souvenirs de gloire et de grandeur; derrière cette nation, une armée toute nationale, victorieuse de deux coalitions, vaincue par traîtrise et nourrissant au fond du cœur des projets de vengeance; sept millions d'acquéreurs ou de détenteurs de biens nationaux, patriotes par calcul autant que par conviction, prompts à s'alarmer du retour d'une poignée d'émigrés dont ils possédaient les dépouilles !

D'autres considérations venaient ajouter à ces motifs de crainte déjà si redoutables; il était incontestable, en effet, que les gouvernements antérieurs avaient créé, dans l'intérêt de leur propre conservation, des positions sociales et des individualités qui ne s'accommoderaient jamais du régime de la restauration. Ainsi la république de 93 avait légué au Directoire, au Consulat et à l'Empire ses sicaires et ses défenseurs, *ses roués* et ses martyrs. Le Consulat et l'Empire offraient à leur tour *à la restauration* une foule de légionnaires, de retraités et de pensionnés; mais tout cela, armé et administration, classes et individualités, au physique ainsi qu'au moral, représentait la nation tout entière moins quelques hommes.

C'était précisément *ces quelques hommes* qui jetaient dans l'âme de Louis XVIII une terreur raisonnée? Qu'opposer en effet à un torrent gonflé par les orages, et qui menaçait de rompre ses digues? La crainte de l'étranger!... Le peuple savait parfaitement et prouverait peut-être plus tard que la coalition avait escamoté la victoire au 31 mars! Une poignée d'émigrés!.... Hélas loin d'apporter de la sécurité à Louis XVIII, ce prince se fut estimé trop heureux de ne jamais les rencontrer sur son chemin comme un obstacle; car ce monarque, à peine sur le trône, prévoyait déjà leurs exigences qu'il ne pourrait satisfaire, et leurs passions qu'il lui serait impossible de servir, *sans se condamner au suicide.* Mettrait-il en ligne de compte l'impuissant bataillon des fonctionnaires publics *bien épurés*?... Excellents pour assurer l'obéissance tant que le pouvoir marche dans la force, ce sont des êtres nuls pour le combat dans les moments de crise, habiles surtout à tromper les sentinelles du maître pour passer, au jour de ses revers, et sans coup férir, dans le camp de son heureux vainqueur ! (1)

Enfin la déclaration récente du Sénat et ce titre de *Roi des Français*, ratifiés en quelque sorte par le corps législatif lui-même, dans sa dernière adresse, ajoutaient encore à la perplexité de ses réflexions. Accepter cette qualification de 1790, recevoir du Sénat une constitution présentée *au nom du peuple*, c'était reconnaître ouvertement le grand principe de la souveraineté nationale. Mais que devenait alors cette doctrine de

---

(1) La conduite des fonctionnaires publics de Charles X, dans nos journées de juillet, vient ici s'offrir à l'esprit des lecteurs.

droit divin, cette légitimité qui dirigeait depuis vingt-cinq ans toutes les intrigues de sa vie politique? Fallait-il renier, à la face de l'Europe, le seul prétexte qui pouvait colorer son retour au milieu de hordes étrangères et donner ainsi un démenti formel à ces paroles proférées sur la terre anglaise, et qui retentiront dans la postérité la plus reculée : *Après Dieu je reconnais que c'est à vous que je dois ma couronne!*

D'un autre côté un refus jetait Louis XVIII dans des alarmes encore plus vives. Napoléon, il est vrai, avait donné de la gloire à la nation en échange de ses institutions ; mais elle conservait toujours au fond du cœur, et profondément enraciné, ce germe de la vieille liberté française de 1790; elle reparaissait de nouveau, en 1814, avec toutes les espérances qu'elle fait naître, croître et prospérer. Irait-il, à la honte de l'invasion, ajouter l'infamie d'une servitude, qu'après tout il n'était pas de taille à imposer à trente-deux millions d'hommes? Mais c'était alar-

mer et soulever les masses et les individualités, les intérêts moraux et les intérêts matériels d'une révolution de trente années !
Appellerait-il à son aide les baïonnettes de ses
alliés? mais c'était déposer encore le masque
de la comédie du 31 mars, avouer que *l'amour
de son peuple n'entrait pour rien* dans le
rétablissement de sa restauration, et qu'im-
posée par des cosaques, il tenait à l'étayer
de leurs lances.

Louis XVIII, au milieu de cette alterna-
tive de craintes et d'espérances, pressé par
les évènements et contraint de céder à la
nécessité, se décida pour une mesure qui,
sans le lier au principe de souveraineté populaire émis dans la déclaration du Sénat,
ménageait cependant, avec un art parfait, et
cette opinion publique qu'il était si nécessaire de ménager au commencement d'un
nouveau règne, et ce Sénat lui-même dont
il avait besoin pour se consolider. En un
mot la politique de Louis XVIII se réduisit
à la contre-partie pure et simple du projet

d'acte constitutif, improvisé au Luxembourg le 6 avril. En conséquence il donna à Saint-Ouen, le 2 mai, le jour même de son arrivée, une déclaration qui promettait *à ses peuples*, entre autres garanties, le maintien du système représentatif établi sur les bases suivantes :

Le Sénat et la chambre, composés de députés des départements;

Le libre consentement de l'impôt;

La liberté publique et individuelle assurée;

La liberté de la presse respectée;

La liberté des cultes garantie;

L'inviolabilité des propriétés et l'irrévocabilité de celles dites nationales;

La responsabilité des ministres, poursuivis par une chambre, jugés par l'autre;

L'inamovibilité des juges et l'indépendance du pouvoir judiciaire;

Enfin l'admission de tous les français aux emplois civils et militaires.

Il était dit dans le préambule de cette déclaration, qui portait l'intitulé de rigueur : *Louis, par la grâce de Dieu, roi de France et de Navarre*, que, rappelé par l'amour de son peuple au trône de ses pères, le premier besoin de S. M. était d'invoquer cette confiance mutuelle, si nécessaire au repos de la nation et à son bonheur.

Le préambule déclarait ensuite que Sa Majesté avait lu *attentivement* le plan de constitution proposé par le Sénat, qu'elle avait reconnu *que les bases en étaient bonnes*; mais qu'un grand nombre d'articles portant l'empreinte de la précipitation, *ils ne pouvaient dans leur forme actuelle devenir lois fondamentales de l'Etat;*

Que Sa Majesté étant résolue *d'adopter une constitution libérale*, elle voulait *qu'elle fût sagement combinée*, et elle convoquait, à cet effet, pour le 10 du mois de juin, le Sénat et le corps législatif, s'engageant à mettre sous leurs yeux le travail que Sa

Majesté aurait fait de concert avec une commission choisie dans le sein de cès deuxcorps.

Le 4 juin suivant, Louis XVIII, qui s'était rendu au palais du corps législatif avec toute la pompe inséparable *de la royauté légitime*, acquitta la lettre de change qu'il avait souscrite, à Saint-Ouen, au profit du gouvernement représentatif. Mais il le fit de mauvaise grâce, ainsi qu'un débiteur qui s'affligerait de sa libération, en mauvaises monnaies et avec toutes les réserves susceptibles de le mettre en état, dans un temps plus opportun, de former valable demande en répétition du paiement. Au lieu de soumettre à la discussion du Sénat et du corps législatif *le projet de constitution* qu'il s'était engagé, le 2 mai, à placer sous les yeux de ces deux premiers corps de l'Etat, *de sa pleine* puissance et *certaine* science, il ordonna tout simplement à M. son chancelier de leur donner communication *de la charte constitutionnelle* qu'il avait définitivement et irrévocablement arrêtée *dans sa royale sagesse.*

M. *le chancelier* s'acquitta de cette charge
avec une grâce monarchique toute particu-
lière ; dans un discours préparatoire *et obligé*,
ce premier officier de la couronne, après les
louanges de rigueur adressées *au roi seigneur
et maître*, passa, par une transition des plus
heureuses, du bonheur que la France allait
goûter sous le sceptre paternel de ses princes
légitimes, au bienfait non moins précieux
d'une ordonnance de réformation.

« En pleine possession *de ses droits héréditaires* sur ce beau royaume, disait M. le
chancelier, Sa Majesté ne veut exercer l'autorité *qu'elle tient de Dieu et de ses pères*
qu'en posant elle-même les bornes de son
pouvoir. »

Il suffit de comparer la déclaration du 2 mai
faite à Saint-Ouen, et le résultat de la
séance du 4 juin suivant, pour se convaincre
que cette Charte *octroyée*, monument impé-
rissable de la servilité des grands pouvoirs
de l'époque et des arrière-pensées de la

dynastie légitime, n'était qu'une véritable déception.

Louis XVIII annonçait solennellement le 2 mai *qu'il était résolu d'adopter une constitution libérale*; certes, il exprimait clairement l'intention formelle de respecter les droits du peuple dans l'exercice de sa souveraineté : adopter, c'était supposer du moins le consentement libre des deux parties contractantes, un véritable contrat syllanagmatique; et voilà qu'en vertu *de son prétendu droit divin*, il daigne accorder *à ses sujets fidèles,* sous le nom trompeur de Charte Constitutionnelle, *une simple ordonnance de réformation*, rendue dans les formes voulues sous l'ancienne monarchie, pour les actes de l'autorité royale !

Louis XVIII était résolu *d'adopter une constitution libérale*; et, par l'article 16 de la Charte octroyée, il se réserve expressément l'initiative de toutes les propositions de loi! Sa déclaration du 2 mai garantissait la pleine liberté des cultes ; et, par l'article 6 de la Charte octroyée, il déclare *que la religion catholique apostolique et romaine est cependant la religion de l'État* !

La liberté de la presse devait être respectée, et l'article 8 de cette même Charte ajoute à la reconnaissance de ce principe, sans lequel il ne saurait exister de véritable liberté, une condition restrictive qui en détruit presque tout l'effet.

Louis XVIII, au 2 mai, consacrait le grand principe de la liberté individuelle ; mais si l'article 62 de la Charte octroyée semble reconnaître que nul ne peut être distrait de ses juges naturels, l'article 63 porte que les juridictions *prévotales* pourront être créées de nouveau si leur rétablissement était jugé nécessaire.

Enfin, dans l'article 14 qui attribuait au roi d'immenses prérogatives, Louis XVIII trouva moyen d'intercaler une disposition

G

qui, sous prétexte d'assurer par des régle-
ments et des ordonnances la sûreté de l'état,
pouvait au besoin justifier le droit d'escamoter la Charte elle-même au profit de cet
article 14. (1)

Le préambule même de cette Charte octroyée constituait un sanglant outrage aux
droits que tout peuple tient de la nature, est
une insulte bien gratuite à la suscepti-
bilité nationale.

Il était dit dans ce préambule que, bien
que *l'autorité tout entière résidât en France
dans la personne du roi*, il voulait suivre
l'exemple de ses prédécesseurs qui n'avaient
point hésité à en modifier l'exercice suivant la différence des temps ;

Que c'est ainsi *que les communes*, ajoutait
Louis XVIII, *ont dû leur affranchissement*

(1) C'est ce fameux article invoqué par Charles X, dans
les ordonnances liberticides du 25 juillet.

à Louis-Le-Gros, la confirmation et *l'ex-tension* de leurs droits à Saint-Louis et à Philippe-le-Bel;

Qu'en conséquence sa majesté, *volontairement* et par le libre exercice de son autorité royale, *accordait et faisait concession et octroi à ses sujets*, de la présente Charte constitutionnelle.

La date même donnée par Louis XVIII *à cette ordonnance de réformation* était un grossier mensonge fait par ce prince, en haine des plus glorieuses époques de notre histoire.

Ecrire en effet au bas d'une Charte octroyée : *donné à Paris l'an de grâce* 1814 *et de notre règne le dix-neuvième*, c'était rejeter formellement les divers gouvernements qui avaient précédé le sanglant et ignominieux triomphe de l'émigration ! Contrairement à l'opinion d'un grand homme qui s'était écrié un jour : *là où est le drapeau, là est la France*, Louis XVIII prétendait que la France, à cette époque, était au-delà du Rhin et de l'Oder, au milieu des armées ennemies ; doctrine impie, subversive de toute morale publique, qui tendait à éteindre, dans tous les cœurs, jusqu'au doux souvenir de la patrie pour la personnifier dans une famille, comme si la patrie n'était pas le sol qui vous a vus naître, les lois qui vous régissent, les mœurs et les habitudes qui vous dirigent ; comme si en définitive les rois n'étaient pas faits pour les peuples, et non les peuples pour les rois !

Pas une seule voix généreuse n'osa s'élever du sein de l'assemblée, pour protester contre ce décevant attentat aux droits de la nation tout entière ; le discours du chancelier, *l'ordonnance de réformation*, son singulier préambule qui, dans certains passages, ressemblait trop à une protestation ; enfin sa date de la dix-neuvième année du règne, furent accueillis, *par ces fidèles* de l'ex-empereur, au cri de *vive le roi !* tous, sénateurs et membres du corps législatif, appelés successivement, se hâtèrent *de prêter fidélité au roi et aux lois du royaume* : le dirai-je ? les applaudissements redoublèrent lorsque M. le chancelier, *après avoir pris de nouveau les ordres de Sa Majesté*, donna lecture de deux nouvelles ordonnances qui accordaient une pension annuelle de 36,000 francs à chaque sénateur, et continuaient le traitement des membres du corps législatif. Les cris de *vive le roi*, dit le *Moniteur*, et des acclamations *réitérées*, ont suivi ces actes *solennels*.

Ainsi l'*octroi* de cette Charte n'abusa que ceux qui voulurent bien l'être ; nul ne fut dupe, en France, de la grandeur du legs et de la générosité du donateur.

Fille mal constituée d'un pouvoir qui ne se rattachait au sol que par des racines à demi-pourries ou bien rongées par le temps, cette Charte recélait avec le vice de son origine tous les autres germes d'une fin inévitable et prochaine.

Vainement la légitimité avait-elle pris le soin de graver sur le frontispice du palais qu'elle venait de lui élever, cette inscription ambitieuse : *système représentatif* ; la solidité de l'édifice, grâce à l'intention de l'architecte, ne répondait point à la hauteur de cette inscription ; et, pour tout dire en un mot, une courte durée d'existence était réservée *à cette ordonnance de réformation donnée* A TOUJOURS par Louis XVIII.

CHAPITRE IV.

INTRODUCTION

A

LA POLITIQUE DES CENTRES,

SOUS LOUIS XVIII.

> L'HOMME est un sujet divers et ondoyant
> sur lequel il est très-malaisé d'y asseoir j u-
> gement assuré , à cause de la grande contra-
> riété et dissonnance des pièces de sa vie; la
> plupart de ses actions ne sont que saillies et
> boutées poussées par quelques occasions; ce
> ne sont que pièces rapportées; certes, elles
> se contredisent souvent, et de si étrange
> sorte, qu'il semble impossible qu'elles soient
> parties de la même boutique !

LA comédie tragico-burlesque ébauchée le
31 mars 1814, par le gouvernement provisoire; reprise avec variantes par Louis XVIII,
le 2 mai, au château de Saint-Ouen, venait

d'être achevée, le 4 juin suivant, au palais du corps législatif, à la grande satisfaction *des hauts coulissiers*.

Restaient la mise en scène et la distribution des rôles ; mais, pour une pièce nouvelle, de nouveaux décors sont toujours de rigueur, et des situations difficiles exigent des acteurs flexibles et intelligents. Eh bien ! la légitimité de droit divin n'eut encore que l'embarras du choix : tout était bonheur pour elle, dans ces jours *néfastes* de la France.

Le but de la *légitimité* était évident : sa doctrine de droit divin, le préambule et la date de sa Charte octroyée, auraient à cet égard porté la conviction dans les esprits les plus crédules ; cette Charte, née de l'impérieuse nécessité en 1814, devait disparaître, dans un temps plus propice, avec les causes qui l'avaient produites. Tous les vœux de la légitimité étaient *pour le régime du bon plaisir et le gouvernement de l'œil-de-bœuf* ;

mais, avant tout, la saine prudence prescrivait
de procéder par ordre et avec une parfaite
intelligence des obstacles, de se garder d'en-
lever de vive force les positions *du régime révolutionnaire*, de n'avancer qu'en tâtonnant,
de reculer même parfois pour prévenir une
explosion, sauf ensuite à revenir à la charge
quand le temps et les circonstances offri-
raient de meilleures chances de succès.

C'est donc *au nom de l'ordre public et
de la stabilité des institutions*, que les
hommes de la légitimité essaieront de miner
l'ordre public coupable de les proclamer et
de les défendre; ils invoqueront la liberté,
en présentant à la sanction de la législature
les mesures les plus anti-constitutionnelles;
et, pour accomplir cette œuvre, donnant d'une
main pour obéir à l'opinion qui les fait
trembler, retenant de l'autre pour rester
fidèles au projet d'une complète révolution,
ils feront à la fin un appel à l'interprétation
forcée de certains articles ambigus *de cette
ordonnance de réformation*, et à l'égoïsme

des uns, à la servile corruption des autres, à l'indifférence absolue du plus grand nombre. Ils obtiendront ainsi et à peu de frais, pour le moment, *l'existence transitoire* d'un faux gouvernement libre, le pire de tous les gouvernements, puisqu'il recouvre de l'hypocrisie du langage, les actes d'une cauteleuse tyrannie; qu'il réunit des formes captieuses de liberté à une servitude réelle; puisqu'enfin, pour me servir de l'expression d'un publiciste célèbre, *il cherche à noyer le malheureux sur la planche même où il espérait de rencontrer son salut.*

Mais aux yeux de la royauté légitime personne ne devait être plus propre à lui servir d'auxiliaire, dans cette œuvre d'iniquité, que ces *mêmes fidèles* de Napoléon, si bien stigmatisés et à si juste titre, depuis sa chute, par l'opinion publique. *Certes*, *la haute sagesse* du monarque ne pouvait mieux placer sa confiance; car, abstraction faite de l'honorable facilité avec laquelle ils avaient abandonné, le 4 juin, les droits d'un pauvre peuple pour captiver les faveurs *d'un nouveau maître*, leur conduite sous l'empire garantissait leur dévouement à la prétendue restauration. N'étaient - ce pas ces mêmes hommes qui, sous prétexte *de consolider la constitution de* 1795, démolirent avec art en 1799, au profit du premier consul Bonaparte, tout l'édifice constitutionnel ?

Leur premier acte n'avait-il pas été d'accorder à ce même gouvernement consulaire, au mépris de la constitution :

1° Un sénatus-consulte de proscription contre cent trente personnes *déclarées dangereuses* ;

2° Le rappel des émigrés contre le texte précis de la même constitution ;

3° La commode invention des électeurs *adjoints* qui donnait au premier consul le droit d'envoyer au corps législatif qui bon lui semblait, et de le constituer ainsi *le seul électeur* de la république ;

4° La réélection décennale et anticipée du premier consul;

5° La suppression de la liberté individuelle, l'asservissement général de la presse, et par suite le monopole exclusif des journaux, placé dans les mains du gouvernement;

6° La connaissance *de tous les crimes d'État* réservés à des tribunaux spéciaux et des commissions extraordinaires;

7° Et, pour prix de toutes ces turpitudes (1), *des libéralités corruptrices en monnaie d'or, en billets de banque, en diamants, en domaines de l'État, en traitements sans fonction ou sans proportion avec elle; enfin des titres honorifiques, des majorats de tout genre, des décorations rentées ou non rentées de diverses grandeurs et de diverses formes également attribuées*

(1) Lanjuinais, Constitution de tous les peuples.

à la faveur et au mérite, au servage, à la frivolité et à la bassesse.

Certes *le droit divin* avait de l'avenir en espérance pour la conduite et la bonne fin de ses projets, avec le concours *de ces politiques* de tous les régimes !

CHAPITRE V.

TACTIQUE DES CENTRES

JUSQU'AU 20 MARS 1815,

DÉCEPTIONS ET LEURS CONSÉQUENCES.

On doit être libre de publier son opinion par la voie de la presse, comme de parler aux passants, comme d'aller et de venir dans la voie publique.

(Lanjuinais. Constitution de tous les peuples).

La liberté politique d'un état ne saurait subsister sans la liberté de la presse.

(Destutt de Tracy. Commentaire sur Montesquieu).

JE supplie le lecteur de considérer la gravité des circonstances et le but que je me suis proposé dans cet ouvrage; alors il m'excusera peut-être si, dans une matière

usée par quinze années de discussion parlementaire, je tombe dans quelques redites
de tribune. Notre sécurité à l'extérieur,
nos libertés au-dedans, vont dépendre des
élections prochaines; oui, l'urne du scrutin
doit résoudre, sous peu de jours, pour ou
contre la France, la grande question ajournée
plutôt que décidée les 28 et 29 juillet 1830;
nul moyen n'est donc à négliger *quand il
s'agit de vivre.*

Il est incontestable que, dans le système
représentatif, l'opinion est le régulateur su-
prême des gouvernements et des gouvernés.

Or, cette opinion ne peut se manifester
que par la liberté de la presse.

C'est la liberté de la presse qui seule,
sans péril pour les pouvoirs établis et au
grand avantage des institutions, dirige et
surveille, encourage ou blâme, approuve ou
bien condamne tous les actes de l'administration publique,

Avec la liberté de la presse, la sûreté individuelle, qui n'est que *la sécurité* de chacun comme homme et citoyen, est à l'abri de toutes les atteintes.

Et qui oserait attaquer cette sécurité individuelle, quand la presse, avec ses milliers de voix, dénoncerait à l'instant même l'outrage fait au corps social tout entier dans la personne de l'un de ses membres?.... La démence seule pourrait le tenter, et alors ce n'est pas pour la *sûreté* du citoyen qu'il faudrait craindre.

Que faut-il donc conclure de cette faculté de publier ses opinions par la voie de la presse? Que chez un peuple où ce droit existe dans toute la vigueur qui lui est propre, vous êtes certains de rencontrer toutes les autres garanties conditionnelles de la véritable liberté.

Ce principe si beau en théorie est également si vrai dans la pratique, que je ne puis résister ici au plaisir de citer en preuve quelques exemples :

Admettons en effet, pour un moment, un état courbé sous le joug du despotisme, et de telle sorte, qu'on ait tout prévu, calculé et établi dans l'intérêt d'un seul ou d'un petit nombre. Au besoin et par le temps qui court, il ne me serait peut-être pas difficile de remplacer cette hypothèse par une réalité. Mais, que la liberté de la presse vienne à s'établir tout à coup dans ce même état, en quelques mois la métamorphose sera complète : tout se modifiera, lois, peuple et pouvoir !

La presse commencera par s'infiltrer dans toutes les veines du corps politique ; bientôt elle gagnera, et bon gré malgré pénétrera le despotisme lui-même. Chose admirable, sans constitution écrite, sans lois secondaires, l'état c'est-à-dire la nation asservie, *recouvrera tous ses titres de liberté* !

C'est qu'il est de la nature de la presse

de parler *d'en haut* et de se faire entendre du centre *à tous les points de la circon-férence*; c'est qu'elle procède contre les erre-ments du pouvoir, par voie de raison, et qu'elle détruit, par l'autorité des faits, les sophismes de la tyrannie.

Enfin, c'est que la liberté de la presse ral-liant à l'intérêt général tous les intérêts par-ticuliers, elle forme de toutes les volontés un seul faisceau qu'il est impossible au despotisme de diviser ou de détruire. Le peuple à son tour est devenu chêne; le despotisme est devenu roseau; de toute nécessité il doit plier s'il n'est pas désireux de rompre; c'est le tor-rent dont on détourne le cours et que l'on peut, sans danger pour ses nouvelles rives, abandonner à lui-même.

Raisonnons maintenant dans une hypo-thèse contraire : à un état échappant par la voie de la presse à l'arbitraire le plus hideux, opposons le tableau de la situa-tion d'un peuple qui perdrait cette pré-

cieuse garantie, tout en conservant les autres
principes politiques de la meilleure constitution.

Républicaine ou [monarchique mitigée,
peu importe ; pour cette constitution enta-
chée du même vice, dans l'un ou l'autre cas
l'effet sera toujours le même : il y aura régime complet de servitude. Ainsi que la presse
passe exclusivement aux mains *d'un conseil
de dix* ou *d'un comité de salut public*,
qu'elle soit exercée comme en France durant quelques années au nom d'un *mauvais
mannequin*, méchante parodie de la royauté
anglaise, du moment que le pouvoir *quel
qu'il soit* arrache cette pierre angulaire de
l'édifice constitutionnel, vous pouvez dire
adieu à la liberté.

C'est que, dans l'espèce, le peuple et le
pouvoir ont complètement changé de rôle.

L'opinion n'agit plus sur l'ensemble des
rouages politiques, dans des vues d'intérêt

général; c'est au contraire *le pouvoir seul*
qui, dans son intérêt particulier, réagit à tout
moment sur l'opinion.

Que peuvent dès-lors des volontés flot-
tantes, désunies, n'ayant plus de centre
d'action, et minées chaque jour par *cette
opinion factice* que la presse asservie au
pouvoir ne manque jamais de lui créer?
Ayant *le droit* de parler tout seul, il s'en
servira pour répandre de fausses nouvelles
et propager des doctrines funestes à la constitution. En même temps qu'il encouragera
la corruption des âmes viles, il poursuivra de
ses railleries la probité des cœurs généreux.

A ses yeux, le patriotisme, considéré d'a-
bord comme une duperie, pourra plus tard
être traité *en factieux* ; enfin on entrera
dans l'administration d'un pareil état, non
pour rendre les gouvernés meilleurs et plus
heureux, mais pour les abrutir par des doctrines sophistiques et pour les dépouiller
par de véritables tours de gibecière.

Invoquerez-vous contre l'oppression qui vous menace les garanties écrites dans la loi fondamendale ? Ce n'est jamais *pour le fort que de belles lettres moulées sur le papier.* En dépit *de l'égalité devant la loi,* vous serez dévoré par le droit exceptionnel; malgré *la sûreté individuelle,* vous serez plongé dans un cachot et jugé par commissaires ; et, ce qu'il y aura de plus abominable, c'est qu'en vous opprimant, le pouvoir parlera de votre liberté. Enfin, comme en vous écorchant l'essentiel sera de vous empêcher de crier, il vous bâillonnera, et cependant il dira que vous êtes libre de vous défendre.

On sent que cette conduite du pouvoir, dans un pareil état, sera toujours subordonnée à l'esprit général de la nation et aux divers éléments de son organisation intérieure. Elle variera donc dans les moyens; elle prendra même toutes les formes pour arriver au but : *la servitude politique et civile.*

Si, par exemple, la constitution *a été im-*

posée, à une époque très-rapprochée, par la classe éclairée, aux masses abruties par le fanatisme des moines, la transition sera brusque, *un don Miguel* détruira dans une journée l'œuvre de quelques mois : c'est l'histoire du Portugal !

Cette constitution est-elle une conséquence d'un traité de paix, la base *sine quâ non* de la durée d'un équilibre entre les puissances, une portion même des classes inférieures soumises à cette constitution paraît-elle s'y rattacher de bonne foi ? Alors le pouvoir mettra plus de mesure dans ses moyens d'attaque ; à chaque position emportée il s'y fortifiera et y réunira ses forces avant de marcher à de nouvelles conquêtes : c'est l'histoire de la constitution de Pologne en 1815 et de son gouvernement autocratisé !

Enfin, cette constitution régit-elle un peuple jadis géant, aujourd'hui même encore éclairé, généreux, enthousiaste de la liberté, du moins en théorie, si parfois il s'en

montre peu soucieux dans la pratique? Si
ce même peuple unit à un instinct d'indépendance le souvenir électrique d'une immense gloire militaire, alors tous les efforts
du pouvoir tendront à l'établissement de
ce faux gouvernement libre dont j'ai déjà
parlé ci-dessus, gouvernement spécial ou
d'exception où l'on reconnaît une autre
source de droits et de puissance (1) *que la
volonté générale*, comme l'autorité divine
ou la naissance.

C'est l'histoire de la France de 1814, et la
pensée réelle de Louis XVIII revenant trôner
derrière les cosaques ! Je vais aux preuves :

L'article 8 de la Charte octroyée le
6 juin 1814, portait expressément : Les
français ont le droit de publier et de faire
imprimer leurs opinions, en se conformant
aux lois qui doivent *réprimer* les abus de

---

(1) Destutt de Tracy. Commentaire sur l'Esprit des Lois.

cette liberté. Et, le 5 juillet suivant, M. l'abbé de Montesquiou présente à la chambre des députés un projet de loi *sur* la presse qui anéantit de fait cette première de nos garanties nationales.

Certes, s'il était possible de peser la sincérité d'un gouvernement au mielleux de ses paroles, jamais ministre en France ne pouvait présenter un meilleur projet sur une matière d'aussi haute importance, que M. l'abbé de Montesquiou. Il faut lire, pour s'en faire une idée exacte, l'exposé des motifs allégués en sa faveur et qui sont consignés *à tout jamais*, aux pages de l'inexorable Moniteur.

« Le roi nous a ordonné, disait M. l'abbé
» ministre, de porter à la chambre des dé-
» putés une loi sur la presse, *complément*
» *nécessaire* de notre Charte constitution-
» nelle qui en garantit la liberté.

» Personne ne conteste plus aujourd'hui

» la justice et les avantages de cette liberté
» *long-temps si redoutée* (1).

» L'imprimerie a rendu à la société de
» si grands et de si nombreux services, qu'une
» nation civilisée ne peut renoncer aux bien-
» faits qu'elle peut encore en attendre.

» Le roi a besoin d'entendre la vérité,
» mais c'est cette vérité amie de l'ordre *qui*
» *calme les passions au lieu de les irriter*,
» qui apprend aux peuples à redouter éga-
» lement l'oppression et la licence (2). »

Le préambule du projet de loi était à la
hauteur de l'exposé des motifs :

« Voulant *assurer* à nos sujets les bien-
» faits de la Charte constitutionnelle, nous

---

(1) Oui, mais par les tyrans de tous les régimes!

(2) Le ministre de 1814 et ses hommes opposaient alors l'oppression à la licence, comme le juste-milieu de 1831 oppose
l'ordre public à la liberté. Même système, même langage.

» avons pensé que *notre premier* devoir
» était de leur donner *sans retard* les lois
» que la constitution ne sépare point de
» la liberté même, et à défaut desquelles
» *le droit accordé par la Charte consti-*
» *tutionnelle*, *resterait sans effet.* »

Mais quel était le projet de loi présenté le
5 juillet, adopté et promulgué le 21 octobre
1814, qui devait être *le complément nécessaire*
de la Charte, *que le premier devoir* de S. M.
était de donner *sans retard* à ses fidèles sujets,
et à défaut duquel le droit accordé par la
Charte constitutionnelle resterait sans effet ?

Écoutez et admirez le patriotisme des
centres :

D'abord les journaux et tous les autres
écrits *périodiques* ne pourront paraître *qu'a-*
vec l'autorisation du roi.

C'est-à-dire, vous serez outragé dans vos
opinions par les agents du pouvoir royal ;

vous serez arrêté arbitrairement ou bien vous voudrez dénoncer des denis de justice, des violations patentes de la loi, des fraudes électorales, des dilapidations du trésor public. Comme en votre qualité de *sujet* de Louis XVIII, et en vertu de l'article 8 de la Charte octroyée, vous avez le droit *de publier et de faire imprimer vos opinions*; l'autorité n'y retrouvera rien à reprendre : seulement, *pour exercer cette faculté*, la loi du 21 octobre 1814 vous oblige à présenter préalablement à des censeurs choisis *ad hoc*, *ce que vous vous proposez de publier par la voie de la presse*; or, comme il est certain que le pouvoir approuve le courage de ceux qui dénoncent les actes illégaux ou les fraudes anti-constitutionnelles *de ses agents*, et que d'un autre côté les journaux et écrits périodiques ne peuvent paraître *qu'avec l'autorisation du roi*, vous êtes bien assuré d'obtenir bonne justice de MM. les censeurs royaux.

D'ailleurs, s'il vous répugne de demander

cette autorisation, vous pouvez vous réfugier dans le droit commun, et publier votre opinion *librement et sans examen ou censure préalable.* Mais il vous faudra renoncer à l'insertion dans un journal ou écrit périodique. Avez-vous la plus petite plainte à former contre l'administration? Redoutez-vous les ciseaux de la censure ou vous répugne-t-il d'y avoir recours? Écrivez alors une brochure de plus de vingt feuilles, c'est-à-dire *de* 321 *pages au moins*; vous jouirez alors dans toute votre plénitude *de la faculté* de publier et de faire imprimer vos opinions (1).

Nous disons de plus de vingt feuilles, car si votre brochure était au-dessous de ce nombre, vous retomberiez dans les inconvénients de l'insertion dans les écrits périodiques, et M. le directeur-général de la librairie pourrait fort bien, sur les obser-

---

(1) Tout écrit périodique de 20 feuilles d'impression pourra être publié librement et sans examen ou censure préalable.

vations *de deux censeurs au moins*, ordonner qu'elle fût saisie à l'impression. (1)

Le projet de loi *sur la presse*, accepté par les centres de 1814, ne fut donc qu'une véritable déception de la déclaration du 2 mai et de la Charte du 4 juin. Les centres ne craignirent pas de sanctionner ce que la loi fondamentale de la monarchie restaurée proscrivait en termes formels, et que l'honneur même des premières délibérations législatives leur prescrivait de rejeter.

Mais *la politique de gousset* des hommes qui pour la plupart avaient déjà blanchi sous la livrée de tous les régimes, ne pouvait s'arrêter en si belle route. A une loi destructive de la constitution elle-même, il fallait des dispositions pénales contraires aux notions les plus simples de la justice criminelle ; pour tuer la garantie première

(1) Art. 1er de la loi du 21 octobre 1814, art. 4 et 5 de la même loi.

du système représentatif, le pouvoir et les chambres tournèrent alors dans un cercle de misérables arguties dont la raison seule pouvait se défendre avec l'aide d'un dictionnaire; mais on voulait à tout prix la censure préalable et l'asservissement des journaux; *réprimer*, dans le langage ministériel, fut donc synonyme de prévenir, quoique la loi qui prévient n'ait jamais rien à réprimer, *puisque son effet est d'empêcher le délit de naître*.

Il fut donc également décidé que la déclaration de dépôt et le dépôt effectué équivalaient, par rapport aux poursuites judiciaires, *à une véritable publication*; en d'autres termes, le dépôt fait d'un ouvrage, conformément aux articles 14 et 15 de la loi du 21 octobre 1814, *constituait un délit de la presse*, comme si toute publicité avait déjà été donnée *par la mise en vente de l'ouvrage*. Et cependant le droit criminel exige, pour la poursuite d'un délit, *qu'il y ait un corps de délit*; autrement, on pourrait soutenir qu'il peut exister un effet sans cause ; et cependant, pour qu'il y ait corps de délit, il faut rencontrer la condition de la volonté *réunie* à un commencement d'exécution; car, chez tous les peuples, la loi n'a jamais puni la seule intention : *Cogitationis pœnam nemo patitur*; et la véritable matière du délit, *c'est uniquement le dommage qu'en souffre la société*.

Mais les passions armées du pouvoir font souvent, par une politique tortueuse ou violente, oublier ces notions simples de la philosophie des sociétés naissantes (1).

La France resta donc désarmée devant les projets de la royauté légitime. Maîtresse des journaux, par la censure préalable, et des écrits non périodiques au-dessus de vingt feuilles, par la saisie et séquestre sur dépôt, elle put tout à son aise choisir le

---

(1) Beccaria, Traités des délits et des peines.

temps, le lieu et les moyens d'amener, en attendant mieux, la France au régime de ce faux gouvernement libre, si bien caractérisé par l'immortel auteur du Commentaire sur l'Esprit des Lois.

L'Article 5 de la Charte *garantissait la liberté des cultes* ;

Et bientôt on oblige des citoyens à observer des fêtes que leur culte repoussait ; on traite l'article 5 comme le pauvre article 8 qui leur permettait de *publier* et de faire *imprimer* leurs opinions !

L'Article 63 de la Charte, portait *qu'il ne pourrait être créé de commissions et de tribunaux extraordinaires* ;

Et une ordonnance vient confirmer les tribunaux exceptionnels du régime impérial !

L'Article 11 de la Charte interdisait *la recherche des votes et des opinions émis jusqu'à la restauration* ;

Et chaque jour, dans des journaux sa-
lariés par la police *royale* et publiés avec
autorisation de censeurs *royaux*, on qualifie de révolutionnaires, de brigands et
d'assassins, tous ceux qui avaient émis des
votes depuis la première émigration jusqu'au 31 mars 1814!

L'article 9 de la Charte proclamait l'inviolabilité des propriétés dites nationales; et
chaque jour les journaux censurés désignaient,
sous le nom de. voleurs publics, les acquéreurs de ces biens, leurs héritiers ou ayant
cause; ils provoquaient et prophétisaient la
restitution de ces propriétés à leurs anciens
possesseurs !

En même temps on élevait à la mémoire
des chouans et en présence de leurs vainqueurs, le monument de Quiberon. En attendant qu'on pût les organiser et les solder
régulièrement, on leur prodiguait des pensions et des sommes immenses à titre de
secours et indemnités provisoires, tandis que

le vieux soldat mutilé à Austerlitz, languissait dans les horreurs de la misère. La croix de la Légion-d'Honneur était prodiguée pour l'avilir, aux verdets du midi, aux chauffeurs de pieds de l'Ouest, aux espions de haute et basse police, aux chefs de coterie roturière dans nos provinces dont *la légitimité* entendait faire usage tout en méprisant leur extraction !

Enfin, avec l'aide de Dieu, l'émigration se flattait d'établir bientôt *un ordre de choses plus supportable* ; mais la France connaissait ses desseins : l'anxiété publique devint extrême; l'irritation, dès la fin de janvier 1815, fut à son comble; déjà elle préparait ses armes.... Le 20 mars 1815, le droit divin, les chambres et l'abbé de Montesquiou, les écrivassiers de l'Etoile et de la Quotidienne, disparurent en un clin d'œil devant sept cents vieux soldats de l'Empereur Napoléon!...

Electeurs, je viens de parcourir la première période de la restauration : ces scan-

daleuses violations de la Charte, ces inso-
lentes clameurs d'une poignée d'émigrés
n'auraient jamais troublé l'ordre public, ni
paralysé l'action des lois, ni conduit la France
à une révolution nouvelle, si les centres
de 1814 eussent montré moins d'égoïsme
pour le salut commun et plus de zèle pour
la défense de nos garanties ; mais inutilement quelques voix généreuses *parties de
l'extrême gauche* leur crièrent-elles que
les seuls anarchistes étaient *les violateurs de
la foi jurée* ; inutilement un digne pair de
France, lors de la discussion de la loi sur
la presse, proposa-t-il formellement de se-
courir le roi contre les desseins qu'annonçait
le ministère, et de délibérer sur ce sujet.

. Ces premiers cris de liberté ne trouvèrent
aucun écho dans les deux chambres ; *la politique de gousset* fit taire le patriotisme ;
les centres voulaient une liberté *sage* (1)
et un pouvoir *fort*; s'ils redoutaient le *des-*

(1) Que veut aujourd'hui le juste-milieu ?

potisme, ils tremblaient au seul nom de *l'a-narchie*; en haine d'une licence *en perspec-tive*, ils asservirent la presse à un *pouvoir* qui voulait devenir tyran. La France *légale* fut donc livrée pieds et poings liés à la haine et à la vengeance des hommes de Pilnitz et de Coblentz. Electeurs, vous devez à cette politique anti-française l'affreux dé-sastre de VVaterloo!

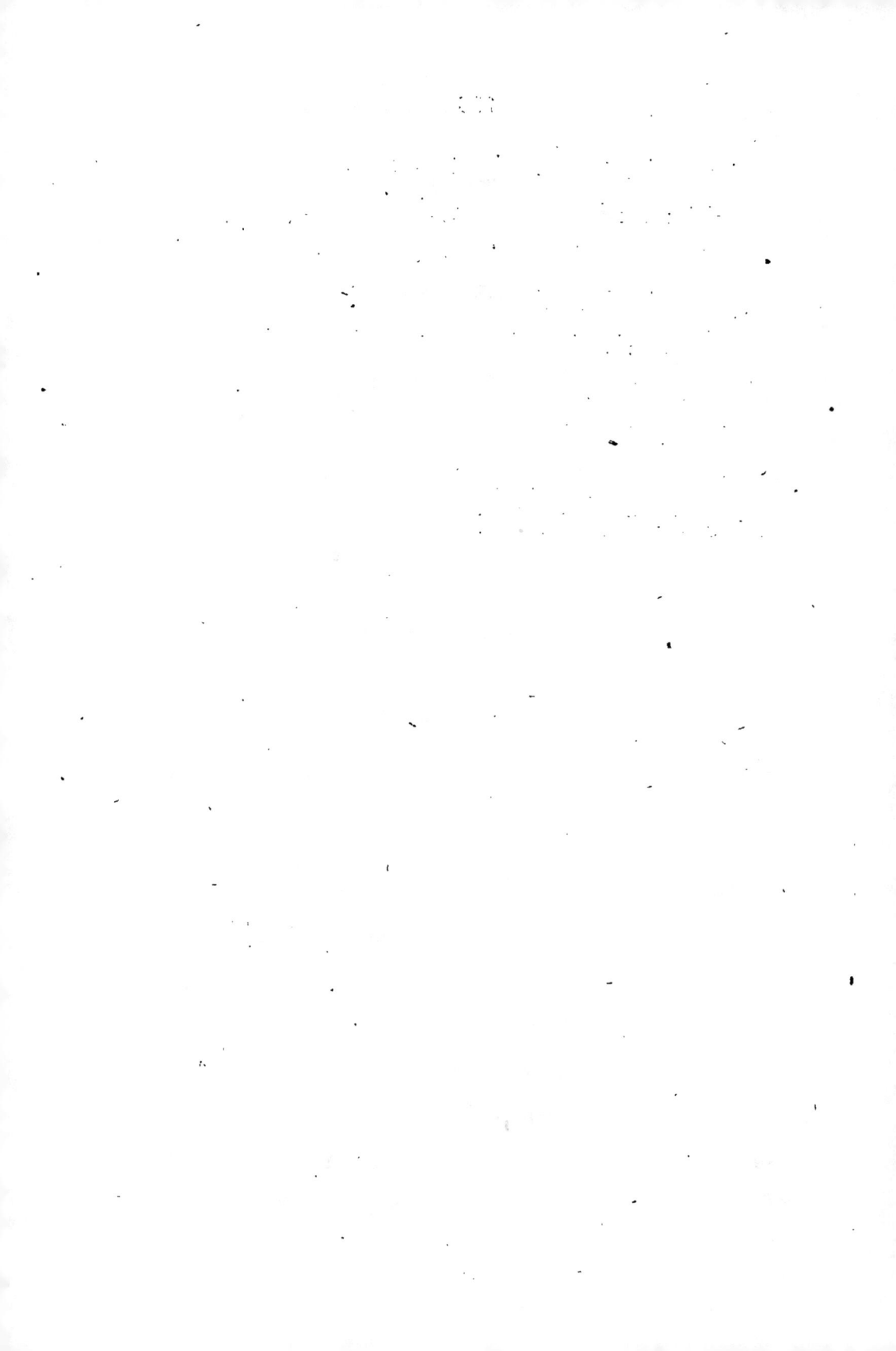

CHAPITRE VI.

TACTIQUE DES CENTRES

SOUS LA SECONDE RESTAURATION,

JUSQU'AU 5 SEPTEMBRE 1816.

> . . . . . . *Regnabit sanguine multo,*
> *Ad tronum quisquis venit ab exilio.*
>
> Quiconque de l'exil passe au suprême rang,
> Règne par la terreur et fait couler le sang.

JE me hâte et je marche à grands pas, car les évènements me pressent, et l'intérêt de notre avenir exige que je remplisse entièrement le but que je me suis imposé. Aurons-nous ou n'aurons-nous pas en 1831 une chambre qui puisse comprendre toute la portée de notre révolution de juillet; des mandataires. fidèles, incorruptibles, purs en un mot de tout engagement avec l'ex-restauration? Siégeront-ils enfin sur les bancs de la législature? Voilà la question que la presse constitutionnelle doit amener à bonne fin, mais que les électeurs sont en définitive appelés à résoudre. On n'attend donc pas de moi que je fasse ici l'historique des Cent-Jours, si féconds en hautes leçons à l'usage des hommes d'Etat sortis de nos glorieuses barricades de juillet. Je le répète, le temps presse, car le fait seul de la dissolution *ramène à nos portes* l'ennemi le plus dangereux peut-être pour notre *Charte vérité*, c'est-à-dire le système du juste-milieu.

La journée de Waterloo a, de nouveau, livré la France aux hordes du septentrion, et la légitimité de droit divin, ignominieusement chassée au 20 mars par la volonté nationale, a reparu avec l'ennemi son protecteur naturel. Mais cette fois du moins elle va déposer le masque : en 1814 la légitimité avait pu considérer les français *comme des sujets fidèles* ; en 1815 ce sont

des rebelles qu'elle revient châtier. Ce n'est
donc plus désormais par une politique tortueuse qu'elle cherchera à réaliser son rêve
d'absolutisme ; l'armée française a été décimée, le territoire de la patrie est occupé sur
tous les points, par les baïonnettes étrangères ; la légitimité dans son insolente audace
peut donc en sécurité s'abandonner à tous
ses projets de vengeance et de tyrannie !

Son premier soin est d'organiser, à Paris
et dans les départements, une prétendue
Garde Nationale, sous les auspices de l'armée
anglo-sarmatico-prussienne. Elle la compose
de tous les niais politiques attachés à sa cause,
de tous les prolétaires et gens sans aveu qu'elle
peut enrégimenter par ses promesses ou
solder en secret avec son or. La légitimité
était pressée d'en finir avec ce peuple de
rebelles ; elle ne refusa donc aucune offre
de services : elle adopta quiconque se présenta pour embrasser sa défense ; tel enfin
qui s'était mis dans le sang *jusqu'à la che-
ville du pied pour la république*, lui pro-

mettant de s'y mettre au besoin jusqu'aux genoux pour ses intérêts, se vit élevé subitement par elle *en honneurs et en dignités.*

Au signal de l'émigration, des bandes d'assassins commandées par Trestaillons, Quatre-Taillons, Truphémy, Servan, Pointu et d'autres misérables sicaires du pavillon Marsan, se livrent, dans le midi de la France, aux forfaits les plus exécrables. Nismes a sa nouvelle Barthélemy de protestants; un maréchal de France succombe à Avignon, dans un infâme guet-à-pens; on assassine, à Toulouse, le général Ramel; on pille, on démolit, on brûle les maisons des patriotes pour la plus grande gloire du trône et de l'autel !!!...

Les mêmes excès paraissent en même temps dans les départements de l'Ouest. Des bandes de chouans et de brigands, organisées de longue main, portent le meurtre et la dévastation dans les communes de cette malheureuse contrée; et, dans leur aveugle dé-

lire, *les amis* de la légitimité ne respectent
pas plus les propriétés publiques que les
propriétés particulières! Ici on pille les
caisses de l'état; là on s'oppose au recou-
vrement des impôts; on encourage, on seconde la fraude, on insulte, on maltraite,
on massacre les employés des Douanes et des
Droits-Réunis!

Cependant l'émigration réinstallée aux Tuileries, continue son œuvre de destruction.
Les débris de l'armée décimée à Waterloo
l'importunent et l'épouvantent; c'était en présence de l'ennemi, le dernier rempart de
nos libertés expirantes : son licenciement
est résolu! un vieux général de la république et de l'empire est chargé de cet acte
liberticide; l'armée est donc divisée en vingt-
et-une catégories, soumise à des épura-
tions sans nombre, et bientôt il n'en reste
que le cadre nécessaire *à la formation d'un
corps d'armée d'émigrés.*

Pendant cette funeste opération, la légiti-

mité ne reste pas inactive : par le traité de
Gand, elle avait livré la France aux armes
de l'étranger; inquiète de son avenir, con-
naissant toute la haine que lui porte l'immense
majorité d'un peuple qui l'accuse de tous
ses maux, elle se met à genoux devant les
rois de l'Europe; et, les mains jointes, elle
les supplie de lui accorder *pour sa sécurité*
une occupation permanente de cent cinquante
mille de leurs soldats !

La Charte de 1814, que dis-je ! l'ombre
de la Charte existait toujours. Dans la manière de voir de Louis XVIII, la raison
prescrivait de conserver pour les cas im-
prévus *cette marmite représentative*. Une
ordonnance vient donc rappeler à la France
qu'elle était toujours soumise au régime représentatif, en déclarant l'absurde hérédité de la
pairie. La chambre est dissoute, et le peuple
français dérisoirement appelé à de nouvelles
élections. Je dis *dérisoirement*, et je crois
me servir d'une expression juste, puisqu'au
mépris de l'article 40 de la Charte et en

l'absence d'une loi électorale, la légitimité adjoignit par simple ordonnance, à la suite des électeurs, *tous les titulaires de l'Ordre de Saint-Louis et de la Lgion-d'Honneur.* Les préfets reçurent même l'ordre de compléter, s'il y avait lieu, les colléges à leur volonté.

Ces mesures *préparatoires* n'empêchèrent pas de prendre, à l'ouverture de ces colléges, des mesures plus significatives : des présidents bien endoctrinés travaillèrent à souhait les opinions individuelles, tandis qu'à la porte, la lie de leurs agents mêlait aux clameurs de royalisme, des cris de rage contre les partisans du 20 mars! le succès répondit presque partout aux inventeurs de ce projet infernal ; le juste-milieu toujours pusillanime céda dans les colléges à l'audace de la faction ; plusieurs patriotes s'abstinrent de voter, et le plus grand nombre ne jugèrent pas convenable de paraître. Ainsi les colléges de l'Empire, bien élaborés et épurés, dotèrent la France de cette assemblée qui, convention nouvelle, sillonna la France en 1815, et mérita à si juste titre, le nom introuvée jusqu'à elle de chambre DES INTROUVABLES.

Le jour même de la convocation des chambres, des pairs et un député refusèrent de prêter le serment d'obéissance à la Charte constitutionnelle. Dans une des séances suivantes, M. Voyer d'Argenson, qui déjà siégeait *sur les bancs de l'extrême gauche*, crut qu'il était de son devoir de dénoncer à la tribune les crimes dont le midi de la France était devenu le théâtre. Mais des vociférations parties de tous les autres bancs de la chambre, couvrirent aussitôt sa voix, et le courageux député fut rappelé à l'ordre, pour avoir réclamé, d'une assemblée se disant française, les droits de l'humanité en faveur de l'innocence!

La première atteinte portée aux franchises nationales par nos introuvables, fut l'*anti-loi* sur les cris et discours séditieux. Nos députés *monarchiques* érigèrent en

principe de droit criminel, que tout discours, tout cri proféré dans des lieux publics ou destinés à des réunions de citoyens (1), seraient réputés séditieux, toutes
les fois *qu'on tenterait d'affaiblir* le respect
dû au Roi ou à la personne des membres de
sa famille, ou que *l'on tendrait* enfin à alarmer les citoyens sur le maintien de l'autorité
légitime (2), et à ébranler leur fidélité.

L'anti-loi des cris et des discours sédi-

---

(1) Il est évident que nos introuvables voulaient ici favo-
riser l'espionnage.

(2) Les journaux du carlisme jettent feu et flamme contre
ce qu'ils appellent la tyrannie libérale de juillet. Que diraient-
ils si, au lieu de quelques visites domiciliaires exécutées au
nom des lois et avec toutes les formalités qu'elles prescrivent, le
gouvernement demandait à l'ouverture des chambres une loi
de cette nature ? Les journalistes de la faction s'évertueraient à
prouver que les chambres et le pouvoir violeraient la Charte
de 1830. Mais la France n'avait-elle pas une Charte octroyée
en 1815 ? Est-ce que par hasard il n'appartiendrait qu'aux
hommes de la légitimité d'exercer le monopole de l'arbi-
bitraire ?

lieux, digne pendant de celle de 1793 , fut
donc adoptée par les centres réunis à l'extrême droite, le 29 octobre 1815. Ce coup
d'essai de l'émigration donna la mesure de
ce qu'on devait attendre d'une faction im-
patiente de réaliser ses projets de vengeance
et de haine.

Quatre-vingt-cinq cours prévôtales sont
instituées ; elles sont destinées à juger,
comme les vagabonds , les voleurs et les
assassins de grande route sous l'ancien régime, les personnes que l'anti-loi précitée
du 29 octobre a reconnues coupables, c'est-à-
dire les suspects d'être suspects et les auteurs de tentatives indirectes, même pour
un délit *antérieur à la promulgation de la
présente loi.* Elles instruiront les affaires et
condamneront les prévenus, dans le plus bref
délai, *en dernier ressort et sans recours en
cassation,* et l'arrêt sera exécuté dans les vingt-
quatre heures du prononcé du jugement.

Sous le titre imposteur de loi d'amnistie ,

les introuvables *légalisent* des tables de proscription, en bannissant à jamais du territoire, des hommes qui ne pouvaient l'être que par un jugement solennel.

Bientôt on imagine de rendre de nouveau le clergé propriétaire d'immeubles: on veut le reconstituer, car on espère encore plus de lui que de toutes les mesures anticonstitutionnelles. Les introuvables autorisèrent donc les *établissements religieux* à acquérir par actes entre vifs ou *à cause de mort*: c'était inviter les prêtres à chasser aux donations et aux testaments. On vit alors s'élever sur tous les points de la France *des établissements religieux*, travaillant dans les confessionnaux et au lit des moribonds à capter les biens de leurs pénitents, au préjudice des héritiers légitimes.

Des priviléges de suspension de paiement en faveur des émigrés sont adoptés par les introuvables ; ces priviléges se renouvellent et n'ont point de fin.

Une proposition née dans le sein d'une des deux chambres, approuvée par les deux, tend à violer ouvertement trois articles de la Charte.

Enfin, la chambre introuvable, dans son délire d'ambition (centres et extrême droite), profite de la présentation d'un projet de loi sur les élections, pour y introduire par voie d'amendements des dispositions qui ne tendaient à rien moins qu'à se perpétuer intégralement durant cinq années consécutives, au mépris de l'article 37 de la Charte octroyée, qui portait expressément que la chambre serait renouvelée chaque année et par cinquième.

Le danger d'une contre-révolution était imminent : un nouveau 20 mars, auquel toutes les classes de la société auraient pris une part active, menaçait de reparaître ; mais l'insolence de la faction sanguinaire, et l'apathie coupable des politiques timides, redoublaient d'intensité à chaque nouvelle manifestation de la colère publique.

L'un des introuvables osa, dans une opinion prononcée à la tribune, supplier le roi de retirer la Charte ; d'autres démontraient qu'il n'y avait rien de constitutionnel, et par conséquent d'irrévocablement fixé dans la Charte, *que la distribution des grands pouvoirs de l'Etat* ; encore cette concession n'était-elle fondée que sur ce que les chambres ne pouvaient pas *moralement* se détruire, le suicide étant défendu par le droit naturel.

Des destitutions en masse portèrent la désolation dans toutes les familles. Dans un seul département on compta plus de 1800 fonctionnaires publics de destitués ; et leurs places furent, comme de raison, données à leurs délateurs.

Enfin, dans le sein même de la chambre, des énergumènes proposèrent des résolutions aussi exécrables que celles des Marat et des Robespierre, et la grande majorité les accueillit avec faveur. Déjà l'on s'occupait de classer les citoyens par *catégories* ; dans les bureaux, en séance publique, on n'entendait parler que de ces horribles mesures renouvelées de l'époque de la terreur.

Le moment de crise approchait ; mais l'étranger, qui fondait sur notre crédit public l'espoir de toucher les énormes contributions que le traité de 1815 lui avait permis de prélever sur la France, fut le premier à prendre l'éveil sur le danger qui menaçait son heureux *statu quo*. La diplomatie de la sainte-alliance fit donc les représentations les plus énergiques à Louis XVIII, sur la marche politique suivie depuis la seconde restauration, par les soi-disant royalistes *par excellence*. Ces représentations n'ajoutèrent rien à la conviction personnelle de ce prince, qui n'avait plus rien à espérer d'une *chambre usée*, et qui avait tout à perdre d'une insurrection des masses populaires. L'ordonnance du 5 septembre fut proclamée ; et ce coup d'état qui fit pousser des cris de rage aux introuvables désappoin-

tés, sans être une révolution dans les principes de la Charte octroyée, fut du moins
une révolution dans les hommes d'état chargés de l'interpréter. Il fut enfin donné à la
France de respirer un moment.

CHAPITRE VII.

TACTIQUE DES CENTRES

DEPUIS L'ORDONNANCE DU 5 SEPTEMBRE 1816,

JUSQU'A LA SESSION DE 1819.

J'ARRIVE à la seule période qui puisse dé-
lasser de la politique des centres, depuis
l'établissement de la Charte de 1814 jusqu'à
la glorieuse révolution de juillet ; mais l'éloge
revient ici en entier à la légitimité de droit
divin : outre l'invitation assez impérative de
la diplomatie étrangère, Louis XVIII s'était
aperçu, long-temps avant le 5 septembre,
qu'il ne lui était pas donné, dans les circons-

tances du moment, de brusquer une contre-
révolution ; *la poire n'était pas encore mûre* :
peut-être même qu'il trouva l'entreprise trop
périlleuse ; et que, se souvenant de Mittau et
d'Hartwel, il recula de bonne foi devant la
seule pensée d'un troisième exil.

Quoi qu'il en fût des motifs réels de cette
fameuse ordonnance, toujours est-il qu'on se
fit honneur de rentrer dans les voies de la
Charte.

Le gouvernement sembla donc manifester
l'intention de marcher avec l'opinion publique, et il prit effectivement quelques mesures
qui lui acquirent sur le champ une certaine
popularité. Des ministres, des conseillers-
d'état, des préfets, des sous-préfets, des
procureurs-généraux et des maires, connus
par l'exagération de leur opinion monarchique, tombèrent sous la faux de la politique de 1817; et ils furent remplacés, pour
la plupart du moins, par ces mêmes destitués
de 1815 qu'une autre politique avait na-

guères chassés comme indignes, et plus tard
voulu diviser en catégories. Des magistrats
des Cent-Jours furent même rappelés à des
fonctions administratives, malgré les rugisse-
ments de l'émigration en délire et les scru-
pules même de cette légitimité, qui était en-
traînée naturellement vers des hommes et
des principes qu'elle approuvait intérieu-
rement.

La chambre nouvelle devait être le produit
des colléges électoraux de l'empire. Les introuvables de 1815 se retranchèrent dans cette
position créée pour le despotisme : cela
était naturel. Aussi, malgré les circulaires
ministérielles et tout les moyens d'influence
que possédait la haute administration, la
faction ultra avait triomphé dans plusieurs
localités et disputé vigoureusement le terrain
dans le plus grand nombre des colléges; il
devenait donc urgent de fixer par une loi les
garanties consacrées par l'article 40 de la
Charte octroyée. Un projet qui reçut, le 5 février 1817, la sanction des chambres et de

l'opinion publique, régla et détermina les conditions de l'éligibilité..

Dans la même session, le ministère présenta un projet de loi sur le recrutement de l'armée ; ce projet qui promettait enfin à la France une *force nationale* capable de faire respecter son indépendance, reçut également l'approbation des chambres et des véritables amis de la patrie.

Déjà, le 24 novembre 1816, le gouvernement et les chambres avaient statué qu'à l'avenir les établissements religieux ne pourraient recevoir, par actes entre vifs ou à cause de mort, qu'avec l'autorisation du roi ; c'était une dérogation formelle à la loi rendue sur cette matière par la chambre introuvable : on espérait, par cette mesure, mettre un frein à la cupidité du clergé. Le 16 décembre suivant, un autre projet de loi avait été adopté, portant également une dérogation formelle à l'anti-loi du 29 octobre 1815, relative aux cris et discours séditieux.

Ainsi, tout concourait, vers la fin de la session de 1817, à effacer les douloureuses impressions d'une double invasion étrangère et de la tyrannie des jacobins blancs de 1815.

L'esprit public se fortifiait de la confiance du pouvoir dans une nationalité qu'il n'avait osé espérer, même après l'ordonnance du 5 septembre; et, comme un bonheur n'arrive jamais seul, au fur et à mesure que la Charte s'enracinait dans les convictions, le pouvoir voyait se multiplier autour de lui des moyens d'action et des principes de vie qui semblaient lui promettre une longue durée.

Cependant, en arrière du ministère de 1817 et de cette masse populaire qui se laisse toujours mieux guider par les impressions du moment que par les leçons de l'expérience, se trouvait un assez grand nombre d'hommes éclairés qui conservaient toujours de sérieux motifs d'inquiétudes.

Lorsque, des articles apologétiques insérés

dans quelques journaux à couleur libérale, en faveur de ce ministère, ils reportaient leurs regards au plus haut et au plus bas de l'échelle administrative, ces hommes éclairés ne pouvaient se défendre d'une terreur prophétique.

Comment peut-on croire, disaient-ils, à la sincérité constitutionnelle de la légitimité? Qui peut raisonnablement nous garantir qu'elle restera dans les voies de la Charte?

Les directeurs de la politique de 1815, les auteurs des catégories et des notes secrètes, n'entourent-ils pas toujours le trône ?

Leurs créatures ne peuplent-elles pas les directions, les préfectures, les parquets et les tribunaux ?

La justice elle-même n'est-elle pas impuissante contre ces assassins du Midi et de l'Ouest, pour lesquels un magistrat d'une cour royale demanda vainement à la tribune pardon et amnistie ?

Des lois exceptionnelles ne pèsent-elles pas encore sur le pays ? la liberté individuelle n'est-elle pas suspendue, les tribunaux d'exception maintenus, et la presse asservie par le fait seul de la censure préalable ?

Toutefois, il faut l'avouer, au total l'esprit public faisait la part des circonstances et des difficultés de gouvernement : en général on tenait compte au ministère et des maux qu'il avait prévenus et de ceux qu'il avait réparés. Toute l'attention du peuple se dirigeait alors sur la loi du 5 février 1817; cette loi d'élection que, par un admirable instinct, le pays salua à son origine même du titre de nationale ! En vain la légitimité, déposant plus tard le masque constitu-tionnel, voulût-elle la ravir à la France ! Inutile tentative, victoire éphémère ! la légitimité qui parvint à la modifier, ne put cependant en extirper les germes de liberté; et les années 1827 et 1829, préparèrent cette opinion de 1830 qui, dans l'espace

de trois jours, renversa une tyrannie écha-
faudée à si grands frais durant quinze années.

La session de 1818 commença sous les plus
heureux auspices. L'effet de la loi du 5 février 1817 avait déjà dépassé, par le renouvellement du premier cinquième de la
chambre, les espérances des amis du système
représentatif; sur cinquante-six députés à
élire, le ministère de 1816, qui penchait en
majorité pour la droite, n'avait réussi qu'à
l'égard de vingt - deux de ses candidats,
ceux en faveur desquels il avait épuisé tous
les ressorts de l'intrigue ayant échoué
devant le patriotisme des électeurs. Enfin,
il résultait de la lutte électorale que le
ministère perdait un quart au moins, et
le côté droit un cinquième de ses députés,
au profit du côté gauche.

Dès-lors, il devenait évident que la majorité
ministérielle ne se révélant plus dans les
centres, le ministère serait contraint, pour
l'obtenir, de s'appuyer sur la gauche ou

sur la droite, sur les amis de la Charte, ou bien sur les implacables de 1815.

Le choix du ministère de 1816 ne fut pas long-temps douteux ; il se décida pour les hommes de la droite. En conséquence d'autres notes secrètes furent adressées au congrès des puissances, réuni à Aix-la-Chapelle.

On y représenta l'esprit public de la France marchant paisiblement et par degrés au developpement de la Charte, comme le prélude certain d'une révolution.

Tandis que la faction anti-nationale calomniait son pays à l'étranger, elle représentait à la légitimité les périls dont elle était menacée de toutes parts. On lui citait les souscriptions pour les Bonapartistes réfugiés au Champ-d'Asile, les louanges affectées de la presse pour la gloire militaire de Napoléon, le choix fait par plusieurs colléges d'hommes qui s'étaient opposés au retour de nos princes légitimes; on concluait enfin de tous ces faits, qu'il était urgent de détruire la loi électorale du 5 février 1817, unique cause du mal déjà commis et de la catastrophe que des *sujets fidèles* entrevoyaient avec terreur si l'on persistait à marcher dans cette voie funeste.

Louis **XVIII** était assez disposé à écouter les remontrances *monarchiques* : la tendance des électeurs vers le côté gauche, leur aversion bien prononcée pour les agents du pouvoir, le choix même de certains députés pour lesquels il éprouvait plus que de la répugnance, lui fournissaient matière à de sérieuses réflexions. Sans s'expliquer d'une manière positive, *il autorisa* seulement le chef du ministère de 1816 à tenter un essai dans les chambres.

Des pourparlers eurent donc lieu, des négociations furent entamées avec les ennemis des centres et de la droite. L'attaque commença au Luxembourg; un ancien direc-

teur de la république proposa formellement de modifier notre nouveau système
électoral, et la proposition de M. le marquis
de Barthélemy fut accueillie favorablement
par l'immense majorité de la chambre des
pairs.

Cependant, la faction ennemie de la France
ne restait pas inactive au Palais-Bourbon :
elle employait les mêmes manœuvres ; et,
sans éprouver autant de sympathie pour les
douceurs de sa politique, elle n'en obtint
pas moins la majorité, puisque la présidence, le secrétariat, la questure et la commission de l'adresse en réponse au discours
de la couronne, furent choisis parmi *ses*
dévoués des centres et de la droite.

La crise était imminente, le pays menacé
de retomber sous la domination des introuvables ; mais, à la seule annonce de la proposition Barthélemy, un cri général d'indignation était parti de tous les points du territoire;
l'énergie nationale, secondée en secret par

la minorité du ministère, déjoua encore une fois les odieux calculs de la faction. La voix d'un peuple, si lâchement trompé dans ses plus justes espérances, vint se répéter en écho terrible jusque sous les voûtes des Tuileries; Louis XVIII, effrayé des clameurs toujours croissantes, ne voulut pas affronter un péril imminent pour en éviter un autre qui pouvait être incertain, exagéré peut-être par ses fidèles, et qui, à coup sûr, était du moins encore fort éloigné. Les ministres qui avaient comploté l'alliance de la droite et des centres contre la gauche, furent remerciés et remplacés par des hommes d'Etat connus pour être attachés à la loi du 5 février 1817 et aux développements progressifs de la Charte de 1814.

Ainsi la proposition Barthélemy, adoptée au Luxembourg, fut rejetée au Palais-Bourbon, après les honneurs d'une assez courte discussion. Cette propositon fut qualifiée d'*incendiaire* et de *brandon* de guerre civile, par les orateurs du ministère *reconstitué*.

Un ministre lui-même déclara positivement
à la tribune que la nation tenait autant à
la conservation du système électoral qu'à
celle de la Charte, et que le désir de Sa Majesté était conforme à celui de ses peuples.
« C'est au milieu de la nation, s'écriait Son
Excellence, que le roi a ordonné à son
gouvernement de planter l'étendard royal,
et c'est de là que des millions de bras se
leveraient pour sa défense. » Le côté gauche
et le peuple des tribunes couvraient de
leurs applaudissements ces éloquentes paroles. Un an plus tard, dans la même en-
ceinte, le même ministre proposait de
planter ce même étendard dans le plus
faible et le plus insensé des partis ; mais
les mandataires fidèles et les tribunes publiques n'applaudissaient plus !

Enfin il était indispensable de calmer
l'agitation et de ranimer par la confiance,
le crédit public profondément ébranlé ; le
ministère crut atteindre ce but au moyen
d'une fournée assez considérable de nouveaux

pairs qu'il jugeait favorables au système qu'il se proposait de suivre. La majorité qui s'était prononcée au Luxembourg contre la loi du 5 février 1817, fut donc brisée ; cette seule mesure ramena en effet au gouvernement tous les esprits que la dernière échauffourée des héros de la fidélité avait éloignés de ses intérêts.

La session de 1818 — 1819, s'acheva paisiblement par le vote obligé du budget. Comme pour les années précédentes, les sinécures et les pensions illégalement distribuées depuis 1814, furent maintenues sur le grand livre; le temps n'était pas encore arrivé pour les députés de la gauche de porter la serpe dans cette forêt de honteuses dilapidations. Mais du moins les travaux de cette session ne furent pas entièrement perdus pour la cause des libertés publiques : déjà les cours prévôtales avaient disparu avec l'ouverture des chambres ; et on venait d'obtenir, ou plutôt d'arracher à la légitimité, une législation sur la presse , imparfaite dans des dispositions relatives à la publication, vicieuse dans certaines de ses clauses pénales, mais qui était néanmoins bien supérieure à la loi du 29 octobre 1814, puisqu'elle proscrivait la censure préalable et appelait le jury à connaître des crimes, délits et contraventions que l'on pouvait commettre par l'abus de cette liberté.

Ainsi qu'à la précédente session, le peuple, les yeux tournés vers les élections de 1819, remettait à la chambre future le soin de faire droit à ses justes griefs; loi sur la responsabilité des ministres et de leurs agents, organisation des conseils-généraux et d'arrondissement, loi municipale, organisation des gardes nationales, abolition des sinécures et des pensions illégalement perçues, meilleure administration des deniers de l'Etat, et par suite une notable diminution dans les charges publiques, destruction des monopoles, une régénération complète du système des Douanes, et un meilleur mode d'exercice pour les Droits-Réunis; enfin la nation était en droit de tout espérer en retour de son admirable constance au milieu des plus affreux revers. Hélas ! son espoir ne fut qu'un rêve ; le congrès de Calsbatd , les introuvables de 1815 et la légitimité de droit divin lui préparaient , dès la fin de 1819, de longs jours de servitude, de honte et de misère !

CHAPITRE VIII.

DE LA

TACTIQUE DES CENTRES

DEPUIS LA SESSION DE 1819 — 1820,

JUSQU'A LA MORT DE LOUIS XVIII.

(16 septembre 1824.)

> Et l'intérêt, ce vil roi de la terre,
> Pour qui l'on fait et la paix et la guerre,
> Triste et pensif auprès d'un coffre fort,
> Vend le plus faible au crime du plus fort.
> VOLTAIRE.

On devait à la seconde application de la loi du 5 février 1817, les résultats les plus satisfaisants pour la consolidation de la Charte et de ses justes conséquences ; la censure ayant été abolie, les journaux rentrés dans le droit commun usèrent constitutionnellement de toute leur influence, pour guider l'opinion des électeurs et les diriger dans leurs choix. La presse périodique leur avait donc démontré, jusqu'à la dernière évidence, que tout l'avenir de la Charte dépendait des députés qu'ils allaient nommer ; qu'il impliquait contradiction de prendre pour défenseurs des franchises nationales, des hommes dévoués en leur qualité de fonctionnaires publics au pouvoir qui les paie ; d'exiger une diminution dans les impôts qui surchargent l'industrie et pèsent sur les classes les plus misérables, de ceux-là mêmes qui étaient grandement intéressés à voter annuellement de gros budgets.

Les titrés à larges pensions, les sinécuristes, les fonctionnaires amovibles furent donc, en grande majorité, écartés par les électeurs ; les noms de citoyens indépendants et décidés à réclamer énergiquement la franche exécution de la Charte, furent proclamés dans la généralité des colléges ;

ainsi, grâce à la loi d'élection, la France se faisait à son tour entendre, et le côté gauche ne cessait de se recruter aux dépens des centres et de la droite !

Dès-lors une loi qui portait de semblables fruits se vit condamnée dans l'esprit de l'étranger et de la légitimité de droit divin. Le congrès d'Aix-la-Chapelle n'existait plus, mais un nouveau s'était déjà réuni à Carsbatd. L'état progressif de l'opinion en France, le résultat surtout des dernières élections, le jetèrent dans les alarmes les plus vives.

Vainement la Sainte-Alliance avait-elle emprisonné la France dans ses limites de 89 ; si la Charte *octroyée devenait une vérité*, il était à craindre que l'esprit militaire de cette nation, retrempé par la liberté, ne vînt demander un jour des explications catégoriques sur les traités de 1814 et de 1815, et ne ressuscitât les merveilles de la république et de l'empire.

De son côté, la faction des introuvables, toujours en correspondance avec Londres, Vienne, Saint-Pétersbourg et Berlin, importunait le trône légitime de ses criailleries, tout en l'épouvantant avec ses prophéties monarchiques. La révolution, représentait-elle à Louis XVIII, coule à pleins bords! Il est temps d'arrêter dans sa course le torrent révolutionnaire ! Qu'espérer d'une chambre d'où la loi du 5 février excluait, à chaque renouvellement, *les fidèles* de la royauté légitime, les sujets les plus dévoués à la monarchie restaurée des augustes descendants de Saint-Louis? *Tous les honnêtes gens* devaient trembler en voyant siéger sur les bancs de la chambre les Lafayette, les Benjamin Constant, les Dupont de l'Eure, les Manuel, les Foy, les Laffitte; il fallait de toute nécessité *que de pareils hommes reculassent devant la monarchie*, ou bien que la monarchie se retirât devant de pareils hommes; mais la décision devait être prompte, le péril était imminent ; balancer, s'était se condamner à périr.

Enfin Louis XVIII en accordant, de sa pleine puissance et certaine science, une Charte constitutionnelle, n'avait jamais entendu nous *octroyer* la réalité d'un gouvernement libre. Si le comte d'Artois, sous le nom de Charles X, n'envisagea depuis dans ce bill de nos droits qu'une heureuse transition *à un ordre de choses plus désirable*, Louis XVIII pensait nous faire une assez large concession, en se contentant de rechercher dans la Charte *une véritable pompe à budgets* qui pût lui permettre de puiser à pleines mains dans la poche de *ses sujets* fidèles.

Le roi reconnaissait bien aux chambres le droit incontestable de rédiger une humble adresse, de le complimenter à l'occasion du nouvel an, de l'anniversaire de sa naissance, ou mieux encore en l'honneur de sa glorieuse rentrée dans le royaume de ses ancêtres; elles pouvaient, à leur convenance, renvoyer les pétitions des citoyens à ses ministres, cela ne tirait pas à conséquence, puisque la plupart de ces pétitions restaient enfouies

in eternum dans les cartons de la trésorerie ;
mais ce qu'il ne pouvait signifier hautement,
et cependant ce qu'il leur refusait tout net ,
c'était le droit de rejeter ses projets de loi
et surtout sa chère loi des finances ; d'atten-
ter en outre à ses prérogatives *légitimes* par
des propositions tendant à demander des
garanties pour la sécurité des institutions
consacrées par la Charte.

Cependant son autorité royale était menacée de ce malheur ; encore le renouvellement
d'un autre cinquième ! et des mandataires
dépendants du pouvoir, siégeront, en grande
majorité, sur les bancs de la législature.
Il faudra abandonner alors ce système bâtard de faux libéralisme, rentrer dans la
sincérité du régime constitutionnel, faire
des concessions à l'opinion publique , à ses
besoins matériels et moraux ; et, de concessions en concessions, la légitimité, dé-
pouillée de ces formes mystérieuses *qui font
tant d'impression sur l'esprit des peuples* ,
se verrait réduite à parler et agir devant

des sujets comme s'ils étaient des citoyens!...
La destruction du système électoral fut donc
résolue à tous prix.

En conséquence, le 29 novembre 1819, le
discours prononcé à l'ouverture des chambres
*signala une inquiétude vague mais réelle,
qui préoccupait tous les esprits.* « Le roi
» fondateur de cette Charte à laquelle sont
» inséparablement liées les destinées de son
» peuple et de sa famille, sentait que, *s'il est*
» *une amélioration* qu'exigent ces grands
» intérêts, *et qui ne modifierait quelques*
» *formes réglementaires de la Charte* que
» pour mieux assurer sa puissance et son
» action, il lui appartenait de la proposer.
» Le moment était venu enfin de fortifier
» la chambre des députés et de la soustraire
» à l'action annuelle des partis, en lui as-
» surant une durée plus conforme aux in-
» térêts de l'ordre public et à la considéra-
» tion extérieure de l'État. »

Dès le lendemain de la séance d'ouverture,

les journaux du ministère furent chargés
d'expliquer au public le sens de ces paroles
royales et de les broder avec de beaux com-
mentaires.

Le moyen que proposait *la légitimité*, pour
fortifier la chambre élective, était de la rendre septennale, contrairement au texte précis
de l'article 37 de la Charte, et de renverser
la loi du 5 février 1817, pour substituer à sa
place un système électoral entaché de principes aristocratiques.

C'était tout simplement la contre partie
de l'ordonnance du 5 septembre. La couronne
ne trouvait plus *qu'à côté de l'avantage
d'améliorer se trouvait le danger d'innover.*
La fameuse ordonnance avait dit : *nul article
de la Charte ne sera révisé* ; mais elle
n'avait entendu parler, sans doute, que des
dispositions essentielles, et non de ces articles réglementaires qui, *de pure forme* dans
un état libre, étaient toujours susceptibles
d'être modifiés *par le pouvoir constituant*

(les chambres et l'autorité royale), sans donner le moindre prétexte d'inquiétudes fondées aux amis d'une sage liberté.

Ainsi, d'après la légitimité elle-même, la Charte, ce palladium du trône et de la nation, placée sous la sauve-garde de tous les citoyens, le 17 mars 1815, n'avait plus le sens commun dans le mois de novembre 1819. Le vice était surtout dans ses articles réglementaires qu'il était pressant de refondre, pour la remettre en harmonie avec une nouvelle chambre d'introuvables.

La France ne se laissa point prendre à ce piége ; elle se prépara à recommencer une nouvelle lutte : déjà de nombreuses adresses couvertes d'innombrables signatures, arrivaient chaque jour au palais de la chambre ; vainement le ministère, après d'orageuses discussions, réussissait-il à les faire écarter par l'ordre du jour ! De nouvelles adresses arrivaient encore ; c'était la chaîne sans fin. La presse libérale, écho fidèle de l'opinion de l'immense majorité, foudroyait en même temps les sophismes des écrivains de la trésorerie : elle reprochait au ministère sa honteuse apostasie; elle lui opposait, avec une logique accablante, ses discours et ses actes de 1818 à ses discours et à ses actes de 1820!

Enfin, la partie était rude pour la légitimité : dans la chambre une opposition compacte ; au dehors des clameurs universelles. Les jours, les mois s'écoulaient, et le ministère n'osait livrer l'assaut ; la Charte eût triomphé de ses ennemis même, par les seuls moyens légaux ; mais un évènement imprévu vint détruire les meilleures chances du patriotisme et donner la victoire à nos ennemis :

Le 13 février 1820, le duc de Berry tomba sous le poignard d'un fanatique; ce meurtre devint le crime de toute la France : Voilà, s'écriait la faction, le fruit des principes révolutionnaires ! chose inouie que la

postérité aura peine à croire, le ministère
de la légitimité vint, le lendemain même de
la mort du prince, présenter à la chambre
un projet de loi tendant à suspendre la liberté individuelle ; comme s'il pouvait y avoir
rien de commun entre le crime isolé d'un
individu sous la main de justice, et la liberté
de 32 millions d'hommes ! Mais, au milieu
de sa douleur profonde, la légitimité trouva
encore assez de courage pour chercher à
profiter d'un premier moment de stupeur
et à tenter un essai sur la majorité parlementaire ; elle était bien convaincue que, si la
chambre de 1820 lui livrait la liberté individuelle, elle obtiendrait au même titre la mu-
tilation de notre Charte et de notre système
électoral.

Le succès le plus complet répondit à son
attente.

Le projet de loi contre la liberté individuelle, présenté le 15 février 1820, conte-
nait entre différentes dispositions :

L

1° Que l'ordre d'arrestation *ne ferait pas mention du délit.*

2° Que les causes de l'arrestation ne seraient pas dénoncées à la personne arrêtée.

3° Qu'elle pourra rester au secret aussi long-temps qu'il plaira à l'autorité.

4° Qu'elle ne pourra réclamer un conseil pour l'aider dans sa défense.

5° Que si le suspect mourait au secret, le ministère ne serait pas obligé de prévenir sa famille.

6° Que le ministère ne serait obligé de publier aucune liste des suspects arrêtés.

7° Qu'il ne sera tenu de rendre compte aux chambres de toutes les arrestations qu'il lui aura plu d'ordonner.

Ce projet de loi, digne des cannibales du Nouveau-Monde, fut adopté le 15 mars suivant par les centres et la droite contre *la gauche pure* qui vit repousser tous ses amendements.

A compter de l'adoption de cette anti-loi, le gouvernement et les centres s'enfoncèrent de plus en plus dans les voies réactionnaires de 1815 ; la liberté disparut de nos institutions pour se réfugier dans nos cœurs.

Le 28 mars de la même année, les centres et la droite adoptèrent un projet de loi qui rétablissait la censure préalable et consacrait l'asservissement de la plus précieuse des garanties sociales.

Le 12 juin suivant, les centres renversèrent, après d'orageuses séances, la loi du 5 février 1817, et modifièrent plusieurs articles de la Charte, *en vertu de leur pouvoir constituant* ; c'est la fameuse loi de la septennalité et du double vote.

Le 1er mars 1821, les mêmes centres, toujours de concert avec la droite, sanctionnèrent une circonscription d'arrondissements électoraux établis contrairement à la situation des lieux, aux difficultés des routes, à

la commodité des électeurs : le tout pour arracher des députés à une minorité devenue
majorité par un perpétuel mensonge d'une
anti-loi,

Le 9 juillet 1821 , adoption par les centres
et la droite, d'un projet de loi portant proro-
gation de la censure préalable jusqu'à la fin
de la session de 1821.

Le 6 février 1822 , adoption d'un projet
de loi sur l'éternelle question de la police
de la presse périodique.

Le 3 mars 1823 , exclusion anti-nationale
de l'un de nos plus éloquents députés, prononcée par les centres et la droite. Violation
manifeste de la Charte qui consacrait l'indépendance et l'inviolabilité des députés.

A cette longue nomenclature des exploits
des centres et de la droite, dans les dernières années du règne de Louis **XVIII**,
ayons le courage d'ajouter l'expédition dirigée

contre la liberté espagnole, les honteuses dilapidations commises à cette occasion, l'élection de nouveaux siéges, contrairement aux lois organiques du concordat de 1802, les frais énormes occasionés par l'établissement de ces nouveaux évêchés, les circulaires barbares du ministère au sujet des élections, les fraudes électorales, les missions contre-révolutionnaires du jésuitisme; et, au-dessus de tout cela, l'insolence de la faction se préparant à renverser les combles de l'édifice social dont elle venait de miner les fondements !

CHAPITRE IX.

DE LA

TACTIQUE DES CENTRES

SOUS CHARLES X,

JUSQU'A

NOTRE GLORIEUSE RÉVOLUTION DE JUILLET.

> *Ruunt in servitutem.*
> TACITE.

CE chapitre sera fort court quoiqu'il embrasse une période de plus de cinq années. En effet, la marche de cette portion des centres, désignée sous le nom de parti doctrinaire, date réellement du règne de Charles X; c'est du moins à partir de cette époque qu'il attira sur lui les regards des hommes politiques, et qu'il captiva en quelque sorte l'attention générale. Mais, malheureusement pour la France, ce même parti doctrinaire qui a si puissamment contribué, malgré ses goûts bien prononcés et ses opinions bien connues, à renverser l'échafaudage de la légitimité, continue à jouer un grand rôle sous l'empire d'une constitution populaire et d'une royauté élevée sur le pavois par la volonté du peuple.

Ce n'est donc ici ni le temps ni le lieu de me livrer à une discussion des actes et des opinions de ce parti, sous le règne de Charles X. Ceci appartient de droit au chapitre qui traite de notre mémorable révolution de juillet.

Nous nous bornerons à quelques remarques générales sur le système suivi depuis la loi du double vote, et continué avec persévérance et redoublement de zèle par le successeur de Louis XVIII, *sauf quelques moments d'intermittence forcée.*

Quatre *grandes* mesures dont deux furent couronnées d'un plein succès, ont signalé ce règne éphémère.

Le projet de loi d'indemnités aux émigrés, adopté le 15 mars 1825.

Le projet de loi sur le sacrilége, adopté le 15 avril 1825.

Le projet de loi sur le droit d'aînesse, rejeté par la chambre des pairs.

Enfin le projet de loi sur la presse, dit *loi d'amour*, retiré le 17 avril 1827 par un reste de pudeur.

Quant aux indemnités à accorder aux émigrés, c'était, il faut en convenir, une ingénieuse idée survenue à la légitimité, que d'escamoter avec des boules, au profit de la majorité parlementaire et de ses compères du dehors, la modique rétribution d'un milliard ! Mais, ce qu'il y avait de plus admirable, c'était l'art avec lequel la loi tirait l'argent de la poche des innombrables victimes de deux invasions étrangères, au profit de ces mêmes individus qui depuis 1814 ne cessaient de prendre à pleines mains dans le *trésor royal*, à titre de ministres d'État, de préfets et sous-préfets, de directeurs et receveurs-généraux et particuliers.

La légitimité ne pouvait récompenser les *bons et loyaux services* de l'émigration, sans jeter un regard de pitié sur ce parti ultramontain qui jadis, dans un catéchisme imprimé et publié sous les auspices d'un cardinal prêtre de la sainte église romaine, enseignait aux petits enfants et aux vieilles filles, que Napoléon était *l'oint du seigneur*. L'émigration et le clergé, aux yeux de la légitimité, étaient après Dieu et les cosaques les plus solides appuis du trône de Saint-Louis; les journées de juillet l'ont assez prouvé aux exilés de Holy-Rood. Mais ce n'était pas une indemnité que le clergé réclamait de la munificence royale; l'autorisation qu'il tenait de la loi de recevoir par actes entre vifs et tes-

tamentaires, ajoutée à son petit budget de
trente-trois millions de francs environ, lui
suffisait, à défaut de dîmes et d'immeubles
confisqués dans la tourmente révolutionnaire : il voulait tout simplement de la considération à coup de réquisitoires ; *de la force
morale*, par voie d'arrêts criminels ; une
dernière réplique d'un sermon contre l'im-
piété donnée en place publique et par le
ministère des hautes œuvres. La légitimité
ne trouva dans un pareil vœu rien qui ne fût
conforme à sa manière de voir : le parti
ultramontain obtint donc en cadeau la loi sur
le sacrilége, qui ressuscitait, sous la religion
d'un Dieu d'humanité, de charité et de paix,
les sacrifices sanglants offerts jadis à l'infernal Molock et à l'affreux Teutatès !

Pour le projet de loi relatif au droit
d'aînesse, nous sommes encore à nous rendre
compte des motifs qui en ont déterminé le
rejet par la chambre des pairs qui venait d'a-
dopter le projet de loi sur le sacrilége.

L'un et l'autre étaient dans le système. Le droit d'aînesse qu'on voulait introduire dans nos lois ne violait-il pas le titre des successions de notre Code Civil, ce beau monument du régime *révolutionnaire*, en détruisant l'égalité des partages, en semant la division dans les familles avec tous les éléments de l'aristocratie?

Nous ferons la même observation au sujet de la loi sur la presse retirée le 19 avril 1827, loi dite de *justice et d'amour;* nous ne concevons pas encore le retrait de cette loi, et pourquoi les chambres si devouées au système ne l'auraient pas adoptée; ne tuait-elle pas la faculté de publier et de faire imprimer ses opinions sans espoir de retour? Ne poursuivait-elle pas l'homme jusque dans sa pensée? N'assimilait-elle pas le prévenu d'un délit commis par la voie de la presse au crime emportant peine afflictive et infamante? Ne consacrait-elle pas la spoliation des droits acquis à des tiers? Et ne violait-elle pas pour arriver à ce but le principe salutaire de la nonretroactivité? N'immolait-elle pas enfin au despotisme le droit naturel, le droit politique et le droit civil.

Arrêtons-nous, et terminons ce chapitre, car nous avons promis qu'il serait court. D'ailleurs de quelle utilité serait-il pour notre noble cause, de porter une investigation un peu sévère sur les actes de ce dernier ministère *arlequinisé*, monstrueux produit des élections générales de 1827, et donné à la France par la légitimité, non comme un nouveau *leurre*, mais uniquement pour lui permettre de faire une halte au milieu de sa course contre-révolutionnaire? Les actes de cette administration, pâle copie du ministère du 5 septembre, se défendent de tout intérêt, par leur *innocence même*; ils se réduisent à une loi sur l'intervention des tiers dans les listes électorales, et à cette autre loi sur la liberté de la presse, question éternellement débattue, jamais résolue depuis 1814, par un pouvoir qui ne voulait de liberté réelle que pour lui et les

siens ; loi qui n'ajoutait en conséquence aucune force aux faibles garanties reconnues
par la Charte octroyée, qui même aggravait
sous certains rapports, par la fiscalité de
quelques dispositions, la condition déjà trop
dure de la presse périodique.

Parlerons-nous enfin de ce projet de loi
sur les communes, péniblement élaboré dans
le sein du ministère et des commissions,
donné avec dedain par la légitimité, reçu par
la nation sans reconnaissance ? Des intérêts
plus graves préoccupaient déjà tous les
esprits, et vers la fin de la session de 1827
on pressentait déjà Polignac et les autres
ardents de la faction incorrigible. Oui, déjà,
sans être prophète, l'on pouvait prévoir
l'appel *à ce pouvoir supérieur* étayé sur
l'article 14 de la Charte, et reconnaître
l'abîme où les zélés du droit divin allaient le
lancer en enfant perdu !

CHAPITRE X.

RÉSUMÉ

DE LA

TACTIQUE DES CENTRES,

SOUS LES DEUX RÈGNES DE LA RESTAURATION.

« C'étaient des temps que ceux-là ! »
GOLDSMITH.

NOUS venons d'exposer la conduite tenue par les centres de nos assemblées législatives du 31 mars 1814 au 29 juillet 1830. Nous croyons l'analyse exacte et le tableau fidèle ; c'est, en effet, avec les tables du Moniteur que nous avons composé leur histoire ; comme nous ne cherchions que la vérité, nous l'avons exposée sans fard, persuadé que la sincérité politique est toujours le meilleur gage de la pureté des intentions.

Deux faits de la plus haute importance résultent de cette analyse :

1° Les centres n'ont jamais rien su refuser à la légitimité.

2° Les centres n'ont jamais eu d'opinions politiques arrêtées.

Les centres n'ont jamais rien su refuser à la légitimité..... Récapitulons.

En 1814 la légitimité demande le monopole de la presse ; les centres lui accordent le monopole de la presse.

En 1815 et 1816 la légitimité propose la censure, les lois d'exception et les cours prévôtales ; les centres lui accordent la censure, les lois d'exception et les cours prévôtales.

En 1817 et 1818 , la légitimité soumet aux centres un projet de loi électorale en harmonie avec l'article 40 de la Charte octroyée, qui veut que les électeurs paient au moins cent écus d'impôts directs ; les centres s'empressent de voter une loi qui confère aux citoyens payant cent écus d'impôts directs, la nomination des députés.

En 1818 et 1819, la légitimité exprime la volonté d'abolir la censure, la suspension de l'*habeas corpus* et le renvoi des délits par la voie de la presse à la connaissance du jury ; les centres abolissent la censure, reviennent à la liberté individuelle, et transportent, des tribunaux correctionnels au jury des cours d'assises, la connaissance des délits commis par la voie de la presse.

En 1819 et 1820, la légitimité revient à la censure préventive, à la suspension de la liberté individuelle et à un nouveau code électoral. Les centres retournent à la censure préventive, à la suspension de la liberté individuelle et à un nouveau code électoral.

En 1820 et 1821, la légitimité propose de proroger la censure, et les centres prorogent la censure.

En 1822 et 1823, la légitimité présente un autre projet de loi relatif à la police des journaux et écrits périodiques ; les centres adoptent cet autre projet relatif à la police des journaux et écrits périodiques.

En 1824 et 1825, la légitimité propose une loi d'indemnité et une loi de répression du sacrilége ; les centres , suivant leurs us et coutumes , votent pour la loi d'indemnité et pour la loi de répression du sacrilége.

Enfin, en 1825 et 1826, la légitimité enfante un projet sur le droit d'aînesse et une loi définitive de la presse, dite loi *de justice et d'amour*, qui anéantissait entièrement la faculté de publier et de faire imprimer ses opinions ; les centres jugent convenàble de sanctionner au scrutin secret le droit d'aînesse et la loi *d'amour* et *de justice* présentée par M. de Peyronnet.

Voilà pour le premier fait.

Les centres n'ont jamais eu d'opinions politiques fixes et arrêtées..... Examinons encore.

S'il en était autrement , auraient-ils, en 1815 et 1816, voté la censure et les tribunaux d'exceptions, pour revenir en 1818 et 1819 au droit commun quant à la presse, et au principe de la liberté individuelle ?

Les centres, en 1817 et 1818, établissent que tout français payant cent écus d'impôts concourra directement à la nomination des députés ; ici l'égalité est parfaite entre tous les électeurs.

Mais, en 1819 et 1820 , les mêmes centres disposent qu'à l'avenir il y aura deux degrés, deux capacités et un privilége au profit de l'électeur le plus riche.

Ne poussons pas davantage un examen aussi pénible ; ah ! puisse-t-il du moins servir de boussole aux corps constitués en puissance qui seraient tentés de suivre un pareil exemple, au risque de venir se perdre sur les mêmes écueils ! Mais à quelle cause peut-on attribuer la conduite des centres durant une aussi longue période de temps ? Quelle main dirigea les fils de leur étrange politique ? Essayons de dénouer ce nœud gordien.

Admettons pour un moment l'existence d'un pouvoir émané de la volonté générale, fondé par conséquent sur les intérêts généraux et particuliers de la société ; accordons-lui en même temps toutes les vertus politiques qui découlent de son origine : un tel pouvoir réunira à une obéissance absolue pour la constitution, la fidélité inviolable à la foi jurée. La souveraine puissance entre ses

mains ne sera qu'un dépôt confié pour la sécurité et pour le bonheur de tous. Vous sou-
riez à un pareil tableau. Pourquoi non ? un
gouvernement de cette nature serait-il par
hasard une utopie ? Eh bien ! les centres et
leur politique ne surgiront jamais du sein
des populations soumises à ce gouvernement !
c'est qu'en fait et en droit sa nationalité ne
peut user de flatteurs et de parasites ; c'est
que les employés sous ses ordres sont des
serviteurs de la loi et du public, au lieu
d'être des exécuteurs de ses volontés et des
esclaves de ses caprices ; c'est qu'un tel gouvernement n'a rien à donner à l'ambition ou
à l'intrigue ; c'est qu'avec lui une charge publique est une charge et non un moyen de
fortune ; c'est qu'enfin la récompense d'un
fonctionnaire de l'État se paie en estime et
en considération, et non en monnaie cou-
rante d'or et d'argent, en croix et cordons
de diverses dimensions et de toutes couleurs.

Raisonnons maintenant dans une hypothèse contraire. Soit donc un pouvoir établi non par la volonté générale, mais par les intrigues actives d'un parti aussi faible en hommes que redoutable par son audace et son impudence. Supposons encore à ce pouvoir l'ineffaçable tâche d'une origine étrangère; admettons même qu'il soit le lien d'un traité honteux imposé par la trahison et par la ruse aux dépens de l'honneur national. Ce pouvoir pour se maintenir sera contraint de recourir à des principes subversifs du droit des nations; ses doctrines seront mystérieuses, car faute de parler aux yeux et de passer par le raisonnement dans la conviction des peuples, il lui faudra de toute nécessité chercher des racines dans un monde idéal.

Mais, comme en définitive tout est positif et matériel dans l'administration d'un état, le pouvoir ne tardera pas à reconnaître qu'il doit songer à d'autres moyens d'existence et de durée. Il fera donc un appel à des intérêts particuliers, il les groupera autour des

siens, toujours en dehors des grands intérêts des masses ; mais, en retour de brillants
avantages qu'il assurera à ses auxiliaires, ce
pouvoir exigera une servilité complète, une
abnégation absolue de leurs opinions, une
obéissance aveugle à tous les actes de son gouvernement.

Il est rapporté dans le livre saint que
l'ange des ténèbres transporta un jour le di-
vin Rédempteur sur le sommet d'une montagne, et qu'il lui offrit tous les royaumes
de la terre, à la seule condition de tomber à
ses pieds et de l'adorer. *Iterum assumpsit
eum diabolus in montem excelsum valde,
et ostendit ei omnia regna mundi, et gloriam
eorum, et dixit ei : Hæc omnia tibi dabo,
si cadens adoraveris me.*

Ce pouvoir tiendra le même langage ; mais
au lieu de répondre avec le divin maître :
Vade Satana, ses auxiliaires se prosterne-
ront à ses pieds. Les honneurs, la fortune et
la puissance seraient à ce prix.

Voilà, à quelques exceptions près, l'expli-
cation d'un système politique qui paraîtrait
aujourd'hui inexplicable, *s'il eût été désin-
téressé.* Il est donc vrai, les centres ne voulaient même de la Charte octroyée que les
places lucratives et l'exercice de l'autorité!

Ils se portaient les amis de ceux qui nom-
maient aux emplois, étendant sans cesse *leurs
prérogatives* aux dépens des droits du peuple, et surtout votant beaucoup d'argent,
afin qu'il y en eût plus à repandre (1)!

Il convenait alors aux centres de représen-
ter la destruction des abus comme une désorganisation sociale; il n'y avait jamais à leurs
yeux trop de places, et elles n'étaient jamais
assez bien payées.

Les écrivains courageux, les hommes éclairés qui voulaient diminuer leur influence ou
leurs revenus, méritaient suivant eux d'être

---

(1) Censeur Européen.

poursuivis par la police et réprimés par les tribunaux : dussent les tribunaux se déshonorer par des arrêts iniques !

Electeurs, avant de déposer dans l'urne la boule qui doit décider de l'avenir de notre chère patrie, rappelez-vous ces paroles du psalmiste :

Erudimini qui judicatis terram.

CHAPITRE XI.

DU JUSTE-MILIEU

DEPUIS

NOTRE GRANDE SEMAINE DE JUILLET.

J'ABORDE le dernier sujet de cette brochure, et j'ajouterai le plus épineux : il
s'agit de signaler rapidement la marche et les
progrès d'un système qui ne tend à rien
moins qu'à régulariser le mouvement de
juillet, au rebours de l'opinion publique et
des vrais intérêts de notre royauté populaire.

A ce début, j'entends déjà des voix qui me
sont parfaitement connues, crier à la passion !

à l'injustice! Quoi ! comparer les ignobles centres de la restauration au patriotisme modéré mais consciencieux des dévoués au ministère du 13 mars ; en vérité, l'auteur *de cette calomnie* a perdu le sens commun !

Je l'avouerai à ma honte : j'ignore si je mérite un pareil reproche ; je ne sais également encore si le ministérialisme de la restauration et le juste-milieu de juillet sont partis de la même *boutique*; plusieurs assurent qu'ils sont frères, d'autres en plus petit nombre soutiennent qu'ils sont cousins – germains ; mais, quel que soit du reste leur degré de parenté, il est certain que si les centres ont puissamment contribué à la chute de la légitimité, le juste-milieu, avec les meilleures intentions du monde (car il faut toujours croire à la loyauté des intentions), finirait par compromettre la liberté et le trône populaire conquis en trois jours sur les soldats du despotisme.

Quant au reproche qui m'est adressé de

comparer les *ignobles centres* de la restauration au juste-milieu si *patriotique* de juillet,
ce n'est pas ma faute si cette comparaison
reste à l'avantage des premiers. Je raconte
tout simplement ce que jai vu et lu, ce que
tout le monde a vu et lu comme moi-même,
ce que je crains et ce que chacun redoute à
mon exemple.

Et d'abord je me permettrai de remarquer
que les centres et le juste-milieu diffèrent
dans un point très-essentiel.

Sous la restauration, la légitimité formait
la base de notre droit public ; la propriété
du sol était son annexe ; la Charte octroyée,
sa conséquence immédiate : de là, un roi de
France et de Navarre, par la grâce de Dieu
et *des sujets* ; l'un était tout et les autres
rien : tout cela était pour le mieux.

Les centres étaient du moins dans le *vrai relatif*, ils ne commettaient pas une pétition de
principes, quand ils proclamaient dans leurs

lois *le droit divin* et la légalité d'une Charte octroyée ; ils ne s'affublaient pas pour débiter ces inepties, d'une quasi-cocarde tricolore , d'une quasi-souveraineté nationale ; avant de déposer leur boule dans l'urne, ils jetaient les yeux sur l'énorme faisceau de drapeaux blancs placés derrière M. le président ; ces drapeaux étaient leur guide.

Le juste-milieu, au contraire, donne entièrement dans le faux avec sa quasi-légitimité, en parlant de la royauté élue au milieu des barricades, quand il avance que le roi-citoyen a été choisi uniquement parce qu'il était le plus près de la branche déchue, lorsqu'il qualifie de simple résistance notre révolution, si décisive ; car la souveraineté nationale forme désormais la base de notre droit public ; car Louis-Philippe Ier a été proclamé non à cause de sa parenté, mais malgré sa parenté avec les exilés de Holy-Rood ; car nous avons enfin *un roi des Français* et un drapeau *tricolore*, une Charte présentée et non octroyée !

Mais si le juste-milieu diffère essentielle-
ment des centres de la restauration quant à
la manière d'envisager la réalité de sa politique, il faut convenir, en revanche, qu'ils
offrent l'un et l'autre, sous tous les autres
rapports, les traits les plus saillants d'une
origine commune.

Par exemple, dans l'argot des centres,
un pouvoir *fort* était toujours opposé
à une liberté *sage*; dans l'argot du juste-
milieu l'ordre public est toujours opposé à
la liberté.

Dans l'argot des centres, sous MM. Decases,
Richelieu et de Villèle, on désignait successivement les hommes de l'extrême gauche
par les noms d'ultra-libéraux, de jacobins
et de révolutionnaires; dans l'argot du juste-
milieu, les hommes de l'extrême gauche sont
des hommes du mouvement, des républicains,
des brouillons politiques.

Les centres de la restauration divisèrent

les hommes de la France, moins l'émigration, en libéraux et en royalistes selon la Charte. Nous étions les libéraux, et eux, comme de raison, les royalistes selon la Charte. Depuis la révolution de juillet, le juste-milieu a divisé la France constitutionnelle en républicains et en patriotes consciencieux : à nous encore la république ; à ces messieurs le consciencieux patriotisme.

Les centres de la restauration qui vivaient des abus, ne trouvaient pas de meilleur expédient pour les conserver, que de *tonner contre l'anarchie*. Le juste-milieu, pour justifier d'abord son état stationnaire, puis sa marche rétrograde depuis le 13 mars, n'a cessé de jeter feu et flamme contre *les dangers du mouvement*.

Au bon temps des anciens centres, on destituait les libéraux, et l'on donnait leur place à des ultra-royalistes ; le juste-milieu *conserve les carlistes dans leurs emplois*, et *destitue les patriotes*.

Sous les anciens centres , le pouvoir livrait aux bourreaux le plus pur sang du patriotisme (1); le juste-milieu n'a pas craint de demander à des jurés français la tête de nos libérateurs de juillet (2)!

Du temps de M. de Villèle, on fusillait dans la rue Saint-Denis les patriotes qui illuminaient leurs croisées à l'occasion du retrait de la loi de justice et d'amour; sous le ministère du juste-milieu, on a commandé le feu sur les patriotes qui plantaient un arbre de liberté surmonté de trois drapeaux tricolores sur lesquels était inscrite cette noble devise : *vive Louis-Philippe Ier! Liberté! Ordre public!*

Et que serait-ce, si nous soulevions la

---

(1) Le maréchal Ney , les généraux Labédoyère , Mouton-Duvernet , Chartran, les frères Faucher , Bories et ses compagnons d'infortune, etc. , etc.

(2) M. Cavagnac et autres prévenus de la prétendue conspiration républicaine.

partie honteuse du système extérieur suivi depuis le 13 mars? Le noble peuple polonais combattant dans une pénible lutte avec les seules ressources de quatre millions d'hommes contre les armées de l'autocrate du nord; la liberté italienne s'éteignant dans le sang de ses martyrs; la Belgique, dédaignée, abandonnée même aux protocoles de l'ex-sainte-alliance!... Mais arrêtons-nous ici, par pitié même pour le juste-milieu!...

CONCLUSION.

Ce que nous venons de rapporter des anciens centres et du juste-milieu, portera, nous n'en doutons pas, la conviction dans l'esprit des citoyens de bonne foi qui s'étaient ralliés par méprise à leur funeste système.

Les anciens centres ont perdu la restauration par leur lâche condescendance à toutes ses volontés; le juste - milieu finirait par compromettre aussi lui notre révolution de juillet et le trône qu'elle a fondé.

Un évènement, inoui peut-être dans les fastes de l'histoire, s'est accompli dans l'espace de trois jours. A l'aspect de la Liberté menacée, de ses lois indignement violées, la nation a dispersé les satellites du despotisme; elle compte aujourd'hui à bon droit sur l'accomplissement des promesses les plus solennelles.

Electeurs, à vous seuls appartient le devoir de réaliser ses espérances.

La France de juillet veut que la souveraineté nationale, cette pierre d'achoppement de toutes les tyrannies, reste à jamais la base de notre droit public ; choisissez donc pour députés des citoyens dévoués à ce principe salutaire de l'indépendance des nations.

La France de juillet veut le développement progressif des garanties stipulées, au nom du peuple, dans la Charte de 1830, loyalement acceptée et jurée par le Roi-Citoyen. Ne renvoyez donc pas sur les bancs de la chambre élective ces mêmes députés qui, durant le cours de la dernière session, n'ont jamais trouvé d'éloges que pour la souveraineté déchue et sa Charte octroyée.

La France de juillet veut que le drapeau tricolore, ce symbole glorieux de notre indépendance, flotte sur tous nos clochers, et que l'étranger puisse dire en le voyant : je foule ici la terre d'un peuple libre ; ne renvoyez donc pas au trône protégé par ces nobles couleurs, les mêmes hommes qui naguère encore entouraient d'un culte de latrie l'ignominieux étendard du 31 mars 1814 !

La France de juillet veut le maintien de la dynastie nationale de Louis-Philippe Ier Roi des Français ; ne choisissez donc pas pour législateurs ces hommes à opinions douteuses, qui soupirent peut-être en secret pour le retour d'un nouvel *Eliacin*.

Vous n'accorderez donc vos suffrages qu'aux seuls candidats qui vous présenteront les deux garanties suivantes :

1° La promesse formelle de voter contre l'hérédité de la pairie. Ce principe monstrueux de la Charte *octroyée* doit disparaître sous le règne de la Charte *populaire*. Ne tend-il pas à entretenir et propager de nouvelles perturbations dans l'état social ?

N'établit-il pas un privilége odieux sous
le régime du droit commun?

La pairie héréditaire!... mais ne concentre.
t-elle pas dans quelques familles tous les
moyens d'influence et de corruption?

Eh ! quel besoin la France libre de 1830
a-t-elle de ces nouveaux patriciens qui bientôt, à l'exemple de ceux de l'ancienne Rome,
peseraient de tous le poids de leurs intrigues
sur les libertés publiques ?

La pairie héréditaire!... institution inutile;
car sous Louis XVIII et sous Charles X
qu'a-t-elle prévu et empêché? Ne l'avons-
nous pas vue au contraire, après les journées
de juillet, traînée à la remorque par la chambre élective?

Et depuis, comment la pairie héréditaire
s'est-elle recommandée à l'opinion? Interro-
gez la France? Par ses regrets anti-français
pour les exilés de Holy-Rood.

2° La promesse formelle de n'accepter aucune fonction publique *même gratuite*, tant que durera le mandat de député; car un député est l'*homme du peuple*, son devoir est de défendre, *envers et contre tous*, et les droits et l'argent du peuple. Le ministère se défend assez par lui-même : n'a-t-il pas ses orateurs, ses conseillers-d'état, ses procureurs-généraux, ses préfets et ses maires ?

Electeurs, tous les principes de Liberté et de vie sociale sont renfermés dans la stricte éxécution de ces deux garanties ; le reste découlera comme de source, car la nation veut avec la même énergie et au même titre, des lois appuyées sur le texte et l'esprit de la Charte de 1830, et *sur le trône national de Louis-Philippe Ier, roi des Français*.

Je le sais, des patriotes pour rire viendront avec une voix mielleuse vous présenter de *déplorables* candidatures..... Mais qu'ont-ils fait *ces députés à élire*, pour obtenir

vos voix, avant et depuis nos trois journées
de juillet ?

Ont-ils attaqué sous la restauration ses
principes et ses actes ?

Villèle, Peyronnet et Polignac les ont-ils
trouvés hostiles à leurs complots liberticides ?

Les a-t-on vus, dans ces jours de deuil,
dénoncer à tous leurs concitoyens les trames
ourdies dans les alcoves et dans les bains
d'une femme bigote et vindicative, par des
hommes de sacristie ?

Emportés par le saint zèle de la patrie
et dévorés de l'amour du bien public, ont-
ils bravé les tribunaux et les lois d'exception,
les gendarmes et les geôliers de la restauration, les haines invétérées du parti ultramontain et les vengeances d'une faction
sanguinaire ? Non, ces hommes ont gardé
un silence *prudent*; leur libéralisme *ne
dépassa jamais les limites de leur sécurité
personnelle*, et la France ne les a retrouvés

patriotes qu'après la victoire du peuple !.....
Frêlons impuissants, mais avides, ils ont
dévoré le butin des abeilles.

Enfin, électeurs, osons le proclamer : *le
temps des duperies ministérielles* doit-être
passé pour vous! L'expérience est là; exa-
minez *la fécondité de la mine monarchique*,
vous y puiserez de hautes leçons pour l'avenir
de la France. Consentiriez-vous à devenir
encore *les marche-pieds* de l'ambition de ces
hommes qui n'ont de titres à vos suffrages
que leur parfait isolement des intérêts de
la patrie pendant quinze années de notre
tourmente contre-révolutionnaire.

Electeurs, pénétrez-vous de cette grande
vérité : *on ne fait jamais du neuf avec les
guenilles usées au service de tous les régimes
et de tous les systèmes.*

DIEU PROTÉGE LA FRANCE !

www.ingramcontent.com/pod-product-compliance
Lightning Source LLC
Chambersburg PA
CBHW071116280326
41935CB00010B/1029